MINHA VOZ INTERIOR ME DIZ...

Foto: Alicia Sanguinetti

Darío Lostado estudou Filosofia e Psicologia na Universidade Central de Madri e na Universidade de Salamanca (Espanha). Foi professor no Chile, em Santo Domingo e em Porto Rico, e deu numerosos cursos de Relações Humanas e de desenvolvimento mental e pessoal. Seus livros são editados na Espanha e na América Latina com grande êxito.

DARÍO LOSTADO

MINHA VOZ INTERIOR ME DIZ...

Tradução
RUBENS RUSCHE

EDITORA PENSAMENTO
São Paulo

Título do original:
...Pero Mi Voz Me Dice...

Edição	Ano
1-2-3-4-5-6-7-8-9-10	94-95-96-97-98

Direitos de tradução para a língua portuguesa
adquiridos com exclusividade pela
EDITORA PENSAMENTO LTDA.
Rua Dr. Mário Vicente, 374 — 04270-000 - São Paulo, SP - Fone: 272-1399
que se reserva a propriedade literária desta tradução.

Impresso em nossas oficinas gráficas.

Sumário

Caro Leitor

Vivemos numa época de muitas palavras. Fala-se muito. Escreve-se muito. Não se lê tanto. Mas assiste-se televisão em demasia e ouvem-se muitos discursos e todo o tipo de opiniões acerca de inúmeros assuntos.

Dizem-nos muitas coisas, às vezes sobre o mesmo assunto.

Há ocasiões em que não sabemos o que devemos aceitar.

Estas páginas não pretendem dizer-lhe o que as pessoas lhe dizem, mas o que é dito pela nossa voz interior. Pois a sua voz interior e a minha voz interior não são duas vozes distintas; são, na realidade, a mesma voz, e não as nossas idéias particulares.

No entanto, se você deseja tirar algum proveito destas páginas, deve lê-las com calma, com a mente livre de idéias e conceitos preestabelecidos. Não se aferre a suposições mentais inamovíveis.

Permaneça aberto e disponível a uma nova visão, a uma compreensão melhor e mais ampla acerca de si mesmo.

Você é vida. E a Vida nunca se detém. A vida é um fluxo constante e está sempre evoluindo. Não deixe que suas idéias se congelem dentro de uma moldura. Não permita que sua visão fique limitada por aquilo que você já viu ou já conhece.

A paisagem rica da existência manifestada e, mais ainda, do Ser não-manifestado é assombrosamente ampla, imensa e infinita. Por que reduzi-la aos limites estreitos das idéias que não são suas, das idéias recebidas e aprendidas de outras pessoas?

Observe mais atentamente, mais profundamente, e verá que as coisas não são "como lhe disseram", "como todos dizem", "como lhe ensinaram", "como se costuma fazer", "como se costuma dizer", "como faz ou diz a maioria"...

Você não tem, por acaso, a capacidade de ver, compreender e conhecer como todos os outros? Por que você tem de seguir como um cordeiro dócil e inconsciente os que caminham à sua frente, simplesmente observando e seguindo os rastros de suas pegadas, como se fossem a norma e o leito de seu caminho e de sua vida?

Olhe por si mesmo. Veja por si mesmo. Caminhe por si mesmo. Pense por si mesmo. Sinta por si mesmo. Avalie por si mesmo. Compreenda por si mesmo. Decida por si mesmo. VIVA por si mesmo.

Por mais autoridade que tenham os que até agora o dirigiram e ensinaram, isso não é motivo para que você os siga cegamente. Observe, olhe, leve em consideração o que eles dizem. Saiba, porém, que você é consciência e deve compreender por si mesmo.

Não despreze nem subestime ninguém. Mas tampouco siga os outros automática e cegamente.

Você acha que o Criador, fonte e origem de nossa consciência, poderia ter-nos abandonado na vida sem a capacidade de ver e compreender por nós mesmos?

Não siga cegamente ninguém. Não leia cegamente estas páginas.

Aquilo que lhe é dito nestas páginas, assim como tudo o que você lê e escuta a qualquer momento, deve ser considerado com atenção, para que você possa perceber se está em sintonia com a sua voz interior. Não com as suas idéias preconcebidas, mas com a sabedoria de sua luz interior.

Sua autoridade verdadeira, última e máxima é a sua voz interior.

A sua voz interior não é a voz de seus gostos, de seus caprichos, de suas tendências instintivas inferiores, de seus costumes, de suas escravidões...

A sua voz interior é aquela que, liberta de condicionamentos, interesses egoístas, idéias preestabelecidas, por mais boas e santas que possam parecer, vê e observa com atenção, mantémse em paz e lhe fala no silêncio de sua quietude.

A voz interior é a que brota no interior de você mesmo, do centro de você mesmo, e não da periferia de seus sentidos, interesses ou conveniências superficiais.

Você só pode ouvir a sua voz interior com toda clareza e segurança quando você se instala no seu próprio centro, no centro de sua verdadeira natureza, de seu Ser autêntico, em sua Consciência lúcida e amorosa, que é a Consciência Una, o Ser Uno e único.

Amigo leitor, não se apresse ao ler estas páginas. Leia-as e releia-as, e observe a si mesmo. Permita que, no silêncio, a sua voz lhe fale. O importante não é o que estas páginas dizem. O importante será o que lhe sugerirem para que a sua voz interior lhe fale. É isso o que verdadeiramente importa.

Leia, medite e OUÇA.

A Sabedoria da Voz Interior

Não são muitas as pessoas que fazem um juízo direto, sadio, sereno e profundo sobre os problemas fundamentais da existência humana. Por isso, pelo fato de serem escassas, as poucas que existem são procuradas e seguidas por todos aqueles que buscam a verdade.

Saber responder com exatidão e clareza às perguntas: O que é a vida?, Para que estou aqui?, Qual é o objetivo e meta da existência?, etc. — é o que a maioria das pessoas anseia conseguir.

Aquelas poucas pessoas que conheceram e conhecem as respostas a essas perguntas são chamadas de sábias. E são sábias porque alcançaram a iluminação.

Todos somos luz. Mas poucos são os iluminados por sua própria luz.

A maior parte das pessoas se instruem ou iluminam sua mente com conhecimentos que recebem de fora, através de livros ou ensinamentos de outros.

Todos esses conhecimentos são intelectuais. Trata-se de conhecimentos de segunda mão. Consistem num armazenamento de dados na mente receptora automática e na memória repetidora.

Todos temos a capacidade de ser iluminados. Todos somos Buda ou Cristo. Esses dois termos significam a mesma coisa: iluminado, ou a verdade manifestada. Mas são poucos os que fazem com que sua vida seja búdica ou cristã. E é nisso que consiste o autêntico fim e objetivo do ser humano na terra. Foi para isso que Buda e Cristo viveram e ensinaram. Sempre que O Ser, A Sabedoria, A Bondade se manifestaram através de existências concretas, foi para nos servirem de caminho e exemplo, para nos dizerem, vivamente, como deve ser a nossa existência.

Sendo assim, o que é que falta? Por que não somos iluminados?

Os iluminados nos ensinaram que é necessário OLHAR, VER e OUVIR interiormente. E para olhar, ver e ouvir interiormente é indispensável fechar ou restringir e limitar nossos olhares e ouvidos em relação à curiosidade e às vozes exteriores.

O sábio e iluminado é aquele que conhece, com absoluta certeza, o sentido da existência humana, aquele que percebe e sente o Real e o distingue de tudo que é ilusório.

O sábio é aquele que não está apegado a nenhum objeto de desejo e que apenas anseia ser a expressão fiel e exata d'Aquele que vive e age sob suas formas individuais e que é a base, não só dele mesmo, mas de tudo o que existe.

O sábio é aquele que ouve sua voz interior e a segue.

Para ouvir a voz interior é necessário centrar-se, instalar-se no centro de si mesmo. E para centrar-se é preciso isolar-se de toda influência que não seja a interior. É indispensável aquietar as vozes exteriores, com suas mensagens alienantes, bem como as vozes mentais dos próprios pensamentos, que, por mais próprias e interiores que possam parecer, não passam de mensageiros intrusos, com influências estranhas.

No mundo em que habitamos, tem-se entronizado a ciência e menosprezado ou esquecido a Sabedoria.

Torna-se imperioso acudir a Sabedoria.

As ciências, no melhor dos casos, nos proporcionarão migalhas de conforto e satisfações dos sentidos.

A sabedoria abre-nos a porta da felicidade mais profunda, estável e duradoura, que jamais podemos alcançar com nenhum objeto das ciências.

Eu não posso e ninguém pode dar a Sabedoria a ninguém. Podemos, contudo, mostrar o caminho que nos aproxime da Sabedoria. Ou podemos, o que é a mesma coisa, fornecer regras para que se possa ver e ouvir dentro de si mesmo.

Quando percorro um país ou uma região determinada, posso apresentar um mapa para que os futuros viajantes tenham uma orientação aproximada. Mas só terão uma experiência direta quando eles próprios realizarem o percurso.

Podemos estar certos de uma coisa: todos nós recebemos o chamado da Sabedoria. Ninguém está excluído. Se você se dispõe, a Sabedoria se fará presente em você. Aquiete o exterior e se abra para o interior.

Realizar-se Sempre e em Todos os Lugares

O ser humano não tem em sua vida outro fim que não seja o de realizar-se.

Realizar-se é viver o Real de si mesmo.

O Real de si mesmo é aquilo que é sempre permanente e idêntico a si mesmo, o que sempre permanece imutável quando tudo o mais muda e desaparece.

Não se realizar é passar a vida tratando de apanhar objetos e coisas ilusórias e inexistentes que consideramos reais, sentindo-nos frustrados e desiludidos ao verificar a irrealidade daquilo que perseguíamos.

Realizar-se é viver A Realidade, a Verdade.

Não se realizar é viver no erro, na mentira, na ilusão, na aparência...

Saber o que as coisas são, o que é a matéria, o que são e como se comportam os elementos químicos, como se desenvolvem as leis físicas... o que há nos espaços infinitos... tudo isso é saudável e constitui um certo grau de desenvolvimento humano.

As ciências, cada uma em seu âmbito e objetivo, procuram conhecer o quê, quando, como e onde das coisas. Os conhecimentos científicos, porém, ofuscaram de tal modo os homens que se esqueceram do mais importante, do mais transcendente de todos os objetos de estudo. Esqueceram-se de conhecer o Ser que conhece, o sujeito cognoscente, aquele que dá validade a todos os seus conhecimentos.

Há, sem dúvida, algumas ciências, tais como a psicologia, a sociologia, a filosofia..., cujo propósito consiste em estudar o homem, em seu psiquismo, em suas relações e comportamentos e em seu aspecto metafísico.

No entanto, nem o psicológico, nem o sociológico, nem o metafísico constitui a verdadeira realidade do ser humano.

Todos esses estudos se referem ao comportamento, a hipóteses, teorias e observações parciais do ser humano.

O conhecimento da realidade, do REAL do ser humano encontra-se além das ciências positivas empíricas e demonstráveis.

O conhecimento do SI mesmo, da realidade de cada um, somente se consegue pela experiência pessoal, direta, intransferível, indemonstrável, porém Real e viva, que se encontra além das teorias, idéias e formas.

As perguntas: O que sou?, Para que vivo?, Que sentido tem viver, em vez de não viver?, Quem é aquele que vive e que percebe que vive?, Que há de igual e de diferente entre "mim", os outros e as coisas?... são temas inquietantes que exigem respostas.

Conhecer essas respostas a fundo, e não apenas teoricamente mas existencialmente, é Sabedoria.

Realizar-se é ser sábio e viver sabiamente.

Depois de conhecer, ver e sentir a realidade em si mesmo, tudo o mais adquire seu sentido e lugar.

Sem sabedoria, movemo-nos, dia a dia, envoltos em absurdos.

Sem sabedoria, o contraditório e o misterioso nos afligem. Tudo parece ser uma complicação constante.

Com sabedoria, em compensação, o viver é simples e feliz.

Hoje em dia, fala-se muito em "sentir-se realizado"... e coisas semelhantes. Contudo, na maioria dos casos, não existe essa realização, e sim a satisfação do ego, que se deleita com um prato de lentilhas ou com o ouropel de um êxito superficial e transitório.

Não há realização sem sabedoria viva. E qualquer um pode ter acesso a essa sabedoria viva. Para tanto, não é necessário dinheiro, nem conhecimentos especiais, Universidades, ou pertencer a uma determinada classe social.

Todo ser humano tem a capacidade, a possibilidade e a obrigação de realizar-se. É preciso apenas sentir uma necessidade interior, desejar isso profunda e ardentemente, acima de tudo. Desejar ser ele mesmo, em seu verdadeiro ser interior, em vez de ser outra coisa qualquer, por mais boa e superior que possa parecer. Aquele que considera isso a coisa mais importante, a única coisa verdadeiramente importante de sua vida, obterá a iluminação, conhecerá e viverá sua realidade, realizar-se-á. Para tanto, não é necessário pertencer a uma religião determinada, a uma seita, a um grupo de estudos. Não é necessário ir a conferências, não é necessário ler muitos livros...

Em torno das coisas mais nobres e santas, têm-se sempre construído muitas tramas complicadas e repletas de interesses.

Essas tramas econômicas, sociais, sectárias... contribuíram para desvirtuar o verdadeiro sentido da realização humana.

Confundiu-se o estudo dos poderes psíquicos e paranormais com a investigação da Realidade interior. E essas duas coisas são completamente distintas.

Nas vitrinas das novidades atraentes, misturam-se os poderes mentais, as teorias psicotrônicas, a reencarnação, a regressão a vidas passadas, as sessões hipnóticas, as curas pela manipulação da energia, as comunicações com espíritos superiores e as promessas fáceis de iluminação mística, como se todas essas coisas fossem partes ou aspectos diversos da Realização humana. No entanto, nada disso tem a ver com a realização pessoal.

Todos esses fenômenos e experiências são atividades mais ou menos válidas, mais ou menos profundas do psiquismo humano. Mas o psiquismo não constitui a nossa realidade. É apenas um mecanismo intermediário de nossas ações.

Nossa realidade é básica e central. Não é periférica nem intermédia.

Nossa realidade central é silenciosa, pura energia luminosa e consciente. É a base invisível de todo o visível.

Todos esses fenômenos mencionados são atividades mentais e manifestações mais ou menos dissimuladas do ego, da idéia falsa que temos acerca de nós mesmos.

A realização é o ato simples de VER e SENTIR a realidade central e profunda d'O QUE SOMOS. E como consciência imediata, VIVÊ-LO.

Quando conhecemos nossa verdadeira realidade, conhecemos e compreendemos também a realidade do TODO, a realidade do UM e do TODO. Porque a realidade é uma e única.

Uma vez que conhecemos A Realidade, a vida muda totalmente. Refiro-me a um conhecimento interior, e não a um mero conhecimento intelectual. Porque se pode ter um conhecimento intelectual acerca do que estou dizendo e não ocorrer nenhuma mudança na vida existencial e concreta. Mas quando o conhecimento é interior e vivencial há uma transformação radical na pessoa. Ocorre então aquilo que dizia o apóstolo Paulo: "Não sou eu então, mas Cristo que vive em mim." A partir de então o "eu" individual desaparece e é o eu interior, o eu cristão ou búdico, ou o eu superior e universal, que vive e governa a existência.

Esse conhecimento e compreensão de si mesmo vai-se desenvolvendo, normalmente, por etapas. Essas etapas estão marcadas e determinadas pela evolução da consciência. À parte os casos de iluminação instantânea, que constituem poucas e raras exceções, a evolução e expansão da consciência parece manifestar-se gradualmente, através de fases bem definidas. E somos nós mesmos que percebemos isso, através da avaliação distinta que fazemos das coisas e dos acontecimentos.

A tarefa de realizar-se é a maior e mais importante do ser humano em sua vida. E não é algo que deve ser feito num determinado momento ou em outro, aqui ou ali, neste trabalho ou num outro, neste instante da vida ou num outro. Não. É uma tarefa para ser realizada em todos os momentos, em todos os lugares, por todos e por cada um dos seres humanos. Nem todos, é claro, estão destinados ao mesmo grau de realização, mas todos estão destinados à realização.

Mesmo correndo o risco de ser insistente e repetitivo, devo insistir, uma vez mais, que nos estamos referindo à realização do Eu superior, e não à dessa estrutura mental que formamos acerca de nós mesmos e que constitui o conjunto de conteúdos mentais, sentimentos, desejos, percepções, valores, experiências e idéias que nos acostumamos a chamar de "eu". Esse "eu", porém, é apenas uma pequena parte de nós mesmos, de nossa verdadeira realidade. E todas essas idéias, sentimentos e percepções, que constituem o nosso eu-idéia, estão distorcidas e não correspondem nem se ajustam à verdade.

Realizar nosso eu verdadeiro não é algo de maior ou menor importância em nossa vida, mas significa encontrar a verdade acerca de nós mesmos e de todos aqueles problemas que nos afetam e que desaparecem e deixam de ser problemas ao serem iluminados com a luz que brota desse Eu superior e profundo, que é a própria luz da consciência.

A esse fato da realização pessoal, bem como a todos os fatos interiores da consciência, correspondem e, na verdade, ocorrem várias atitudes, de acordo com o grau de desenvolvimento das pessoas.

Algumas, por desconhecimento ou ignorância, limitam-se a refutá-los e a desprezar tudo o que se refere a esses fatos.

Outras, sem um interesse demasiado, aceitam como um ato de fé aquilo que é dito pelas pessoas acerca desse assunto.

Outras possuem um conhecimento intelectual e compreendem, teoricamente, aquilo que é ensinado acerca da vida interior e da realização pessoal. Mas não saem disso, dessa compreensão intelectual, e não se dedicam à sua própria realização.

Outras já possuem uma intuição, em certos momentos, sobre essa realidade e aspiram a conseguir viver a partir desse foco central que intuem e sentem ser o eu superior. Nessas pessoas já existe uma transformação pessoal incipiente, mas com freqüentes altos e baixos em sua vida diária; elas sempre percebem que, quando algum problema as aflige, é porque estão afastadas de seu centro. Tais pessoas já têm suficiente discernimento para distinguir quando estão vivendo a partir da periferia de si mesmas, ou seja, a partir de seu eu inferior, e quando estão sendo a expressão de sua realidade interior. Essas pessoas vão adquirindo consciência de que uma única coisa se torna absolutamente necessária, a saber, a realização de seu eu consciente superior. E sabem que tudo o mais é inteiramente secundário. Por isso, não se deixam mais alterar pela maioria dos problemas que afligem as pessoas comuns. No entanto, quando não se encontram instaladas em seu centro, sentem as fraquezas comuns à maioria das pessoas, ocasiões essas nas quais sentem estar vivendo a partir de seu eu superficial.

Outras pessoas, por fim, têm conhecimento do que estamos dizendo por experiência direta. São as que vivem instaladas em seu centro, em sua realidade profunda. São as pessoas realizadas em seu ser superior. São as que estão executando o plano da Natureza e de Deus. São as que vivem aquilo que são. São as que não se vêem afetadas por nada do que lhes possa ocorrer ou que suceda ao seu redor. Conhecem o valor das coisas e o efêmero do existencial, comparado ao seu ser interior, que guia sua mente e sua vida.

Cada indivíduo decidirá por si mesmo a que grupo pertence ou irá pertencer. E cada um sofrerá ou desfrutará das conseqüências.

A liberdade verdadeira somente é desfrutada por aquele que vive a partir de seu eu superior, sem se deixar escravizar pelas forças obscuras do eu inferior. E só consegue ser feliz aquele que é livre, porque não há felicidade sem liberdade interior. Por isso, a felicidade de cada indivíduo existe em proporção direta ao grau de sua realização interior.

A pessoa realizada, ou que está prestes a se realizar, olha, vê e sente por si mesma. Não é escrava das idéias ou juízos das outras pessoas. Por isso, é livre.

Realizar-se significa conhecer e viver a própria realidade, de tal modo que a própria voz interior é a que sempre orienta, dirige e ilumina a todo instante, seja qual for o problema que se apresente.

A pessoa realizada não necessita de muitos mestres ou orientadores, porque sua voz interior é o seu melhor conselheiro e guia.

A voz interior está sempre presente em todo ser humano. Mas somente as pessoas realizadas, ou prestes a se realizar, são capazes de escutá-la.

É fácil confundir a voz interior com o instinto mental de julgar, sentir ou imaginar.

A voz interior é clara, amorosa, compreensiva, integradora, pacificadora, positiva, construtiva, libertadora e amiga.

O instinto mental é egoísta, precipitado, desconfiado, receoso, parcial e dubitativo.

Cada indivíduo deve ter conhecimento de si mesmo, para saber se está em condições de escutar a sua própria voz interior ou o seu instinto mental. É inútil enganar-se.

Como regra geral, pode ser útil observar se estamos suficientemente maduros, se dedicamos algumas horas diárias ao silêncio interior e à meditação e se, na vida cotidiana, temos a coragem de pensar e agir com liberdade de espírito, sem o temor de ser rechaçados e sem o esnobismo de querer aparecer como diferentes dos demais.

A voz interior é ouvida por quem tem vida interior. E tem vida interior a pessoa realizada ou prestes a se realizar. Todos estamos destinados, em maior ou menor grau, à própria realização.

Os Jogos Sociais

No grande cenário do mundo, representam-se todo dia, a cada momento, cenas da tragédia ou comédia do grande espetáculo da vida humana.

Nessa tragédia ou comédia, há os que representam, ou imaginam representar, os papéis das estrelas, dos atores principais, e os que se sentem como meros coadjuvantes, atores sem nenhuma importância.

Muitos dos que brilharam e foram aplaudidos em um certo momento, quando sua luz decai ou desaparecem da cena são relegados ao mais completo esquecimento, quando não criticados e desprezados, tal a fugacidade do brilho dessas estrelas. Os mais afortunados são recordados durante algum tempo, para ingressarem, em seguida, na galeria das recordações.

Nesse cenário que é o mundo, são muitos os personagens, ou pequenos personagens, que se imaginam importantes, como se fossem o umbigo do mundo, cuja memória, quando deixam a cena, se reduz a um esquecimento indiferente e impiedoso.

Quase todos os personagens dessa comédia humana desejam destacar-se por alguma coisa, quase todos querem ser importantes, mesmo que seja apenas num canto do cenário. São os que, por modéstia, timidez ou comodidade, não querem brilhar. Mas mesmo nesse pequeno espaço que ocupam querem sentir-se importantes.

Algumas pessoas pretendem perpetuar sua memória com seus feitos ou ditos para serem reconhecidas pelas gerações futuras. Seu peso e importância crescem na proporção do número daqueles que as reconhecem e delas se recordam.

Há também aquelas pessoas que dizem e asseguram que não têm nenhum interesse em que seu trabalho seja reconhecido, porque trabalham e agem simplesmente para servir, para ser úteis aos outros, ou, como muitas vezes se costuma dizer, "pela satisfação de servir". Trata-se de uma maneira sutil de parecerem generosas e altruístas. Os outros constituem o meio através do qual buscam sua autocomplacência. Querem se convencer e convencer os outros de sua generosidade por meio desse sutil e enganoso mecanismo.

E, certamente, também passam pelo palco do mundo aqueles que realmente servem, os atores autenticamente generosos, os que nunca se preocupam com aplausos e reconhecimento, fazendo simplesmente o que devem fazer. Quando estão no palco procuram apenas executar o seu papel. Nem mesmo se preocupam com o fato de serem úteis ou não. Sabem que, executando seu papel, estão fazendo o que melhor sabem fazer, e isso lhes basta, não se importando com os elogios e aplausos. A maioria desses personagens passa pelo palco sem ser percebidos, silenciosos, mas, por causa deles, a cena se desenvolve com mais harmonia e a comédia não se transforma numa disputa ridícula entre "pavões" vaidosos.

Os personagens dessa grande comédia são infinitamente variados. Em todos, porém, subjaz um personagem único como denominador comum de cada um deles. Esse personagem comum é a imagem de si mesmo. Essa imagem ou idéia é uma entidade que quer ser amada, aceita, aprovada, elogiada, querida e reconhecida por todos. Essa imagem de si mesmo, que também se chama personalidade, quer sempre destacar-se e distinguir-se através de todos os papéis e funções que interpreta no cenário da vida. É isso que nos foi ensinado desde criança. Disseram-nos que devemos ter uma grande personalidade, que devemos ser os primeiros, que devemos destacar-nos dos demais, que temos de triunfar, apesar de tudo e de todos, não importando muito os modos e os meios para consegui-lo. Por outro lado, poucas vezes ouvimos que o importante não é ser mais que os outros, mas sim executar o nosso papel, desempenhá-lo o mais perfeitamente possível, mesmo que, aparentemente, seja um papel modesto ou insignificante. Disseram-nos que devemos arrebatar os papéis importantes. Assim se criam e surgem essas lutas intestinas no palco no sentido de se obterem os papéis principais.

No desenrolar da comédia humana vão-se sucedendo e desenvolvendo todos os tipos de acontecimentos e situações curiosas. Mas o mais comum, predominante e destacado é, sem dúvida, esse empenho desmedido, por parte da maioria dos personagens, em aparecer como o mais importante, o mais brilhante, o mais bem-sucedido... É a eterna luta dos "egos", na qual todos querem ser os primeiros. Nessa luta se cometem atropelos, injustiças, violações, crimes... E aparecem então os lamentos, as queixas puritanas, as expressões moralizadoras e os gritos e gestos de vingança e repressão. Os cárceres se enchem com aqueles que tiveram menos sorte, que foram surpreendidos pelas tropelias e baixezas próprias e lógicas do seu "ego". Outros que cometeram as mesmas baixezas prosseguem como personagens dignos e justos, por não terem sido surpreendidos em suas ações impróprias.

Os que dirigem a cena mundial não sabem nem compreendem que a solução não consiste em retirar do palco essa minoria que é surpreendida em suas ações impróprias, e sim em mostrar aos personagens que eles não são aquilo que representam, mas algo muito mais importante e que não necessita da máscara da representação ou da ficção. A solução consiste em mostrar-lhes que não são essa imagem que fazem de si mesmos e que não necessitam ser superiores a ninguém, e sim mais conscientes de si mesmos, sem comparar-se a nenhuma outra pessoa. Cada um deve trabalhar no sentido de ser aquilo que é e fazer aquilo que tem de fazer. Isso é suficiente.

Mas os que dirigem o palco da comédia não podem ensinar isso, porque eles próprios o desconhecem e são os que mais necessitam desse ensinamento. Eles ocupam esse lugar porque o lema de sua vida consistiu em triunfar acima de tudo.

Nos jogos sociais são muito comuns o engano e a trapaça. Não é fácil jogar um jogo social sem ser contaminado pelo engano e pela mentira.

Uma senhora me contou que, uma manhã, ao se levantar e olhar-se no espelho, permaneceu olhando fixamente para seus olhos e dizendo-se: "Quem eu sou, sou aquela que acredito ser ou aquela que, ontem à noite, na festa, procurava aparentar ser uma outra?" Por um momento, um raio de luz cruzou sua mente e lhe proporcionou a claridade suficiente para que percebesse a comédia de sua vida. Contou-me que aquele momento permaneceu profundamente gravado em sua memória. No dia anterior ela fora a uma festa social, uma dessas festas em que se rivaliza e se compete para ver quem está vestindo os melhores farrapos e quem consegue chamar mais a atenção pelas vestes com que se cobre ou se descobre de modo dissimulado. Disse-me que, quando estava arrumando a mãe da pessoa homenageada, que era uma senhora bastante alta e doente, teve a impressão de estar enfeitando uma árvore de Natal, pendurando sobre aquele corpo enfermo e debilitado brincos e colares, como se penduram enfeites de ouropel numa árvore natalina. A intenção era a de enganar, fazer acreditar que aquela pobre anciã era o contrário daquilo que realmente era.

Desde essa manhã em que se olhou no espelho com uma atenção verdadeira essa senhora nunca mais freqüentou festas sociais. Compreendeu que as festas, bem como tudo o que as cerca, são pura falsidade. Compreendeu que essa falsidade vai aos poucos apoderando-se das pessoas até levá-las a acreditar que o normal, na vida, consiste em falsear e dissimular. Cria-se assim uma cadeia de dissimulações, enganos e mentiras, de tal maneira que se chega a pensar que o normal consiste em enganar e mentir, ao passo que o anormal consiste em dizer e viver a verdade.

Quem sou realmente?, ela se perguntava. Começava a duvidar se toda aquela dissimulação da festa consistia naquilo com que deveria continuar vivendo, ou se devia começar a viver em razão daquilo que ela realmente era e sentia, sem o esforço constante de dissimular, ocultar ou aparentar.

Podemos jogar os jogos sociais tendo em mente que se trata de jogos. Mas sempre existe o perigo de sermos envolvidos e apanhados por eles. Perdemos então a consciência de que se trata de jogos e passamos a acreditar que essa é a realidade e a verdade. Por isso, devemos limitar-nos a jogar apenas os jogos estritamente necessários. Os que se habituam a esses jogos, habituam-se também à falsidade neles implícita.

Os que estão envolvidos nesses jogos costumam alegar que é preciso ser amistoso e sociável. Não percebem, porém, que é exatamente nesses jogos sociais que a sociabilidade se faz menos presente. A sociabilidade consiste no intercâmbio do ato de sentir, de pensar e de ver. Mas nos jogos sociais não se diz o que se pensa e se sente, pois aquele que o fizer será tachado de insociável, mal-educado ou desagradável. Pois nos jogos sociais existe um princípio fundamental que não deve ser transgredido, a saber, que não se deve dizer ou fazer aquilo que é verdadeiro ou natural, mas, antes, aquilo que fica bem, aquilo que satisfaz e agrada aos que participam do jogo. Podem-se, certamente, dizer as verdades mais duras e humilhantes acerca dos que se encontram ausentes, mas jamais se deve dizer ou comentar algo que seja desagradável aos presentes, pois, nesse caso, o jogo se transforma em luta.

Não são os que mais falam e convivem com as pessoas que parecem ser os mais sociáveis. Porque a sociabilidade não está na quantidade de palavras que são ditas ou na quantidade de horas empregadas no convívio social, mas, antes, na comunicação da verdade daquilo que se pensa e se sente. Tive um amigo que era tachado de insociável e eu, ao contrário, sentia ser ele uma pessoa, dentre todas as que conhecera até então, dotada de um grande poder de comunicação, apesar de falar muito pouco. Suas palavras eram tão precisas e sempre tão acertadas e verdadeiras que eu sentia sua presença a todo o momento, e não apenas diante de sua proximidade física. Era a sua autenticidade que estava sempre presente para mim. Com ele, os jogos sociais não tinham nenhuma eficácia. Até mesmo o tom da voz era, para ele, um sinal claro de quando uma pessoa estava jogando um jogo social, com a conseqüente falsidade e dissimulação. "Não tente jogar comigo. Solte-se, abandone-se à sua espontaneidade", ele me disse uma certa vez.

Palavras falsas, gestos hipócritas, tom de voz afetado, posturas estudadas, frases estereotipadas, roupas vistosas ou sofisticadas, cabelos cuidadosamente penteados ou então cuidadosa e manifestamente em desalinho, conversações fortalecedoras do "ego"... são algumas das manifestações claras dos jogos sociais.

Muitos alegam, pretendendo justificar sua assiduidade aos jogos sociais, que no mundo em que vivemos torna-se necessário viver em sociedade, porque há muitas obrigações sociais impostas pelo nosso próprio trabalho ou profissão.

Os que assim pensam ou argumentam não conseguem compreender que a obrigação ou necessidade de se manter certa relação social é diferente da participação nos jogos sociais.

As relações sociais não constituem nenhum mal, sendo, antes, muito úteis e às vezes necessárias e enriquecedoras do ser humano. Quando uma pessoa é amante da verdade, sua relação com os outros também é uma expressão da verdade, e é exatamente nesses casos que ocorre uma verdadeira comunicação pessoal e social.

Ao contrário, os que se imiscuem e participam dos jogos sociais não podem alcançar uma autêntica comunicação, porque, no jogo social, o verdadeiro protagonista é a dissimulação, o engano e a mentira com que o "ego" de cada um dos participantes procura impor-se e superar os demais.

Os jogos sociais são a antítese da comunicação social, porque a comunicação social é, sobretudo, um intercâmbio da verdade tal como cada um a percebe e vê. E, ao contrário, nos jogos sociais só existe a rivalidade e o intercâmbio de elogios desmedidos e falsas palavras.

A voz interior, que sempre nos aponta a verdade, não se faz ouvir no palavreado enganoso dos jogos sociais.

Deve-se ter em mente que os que desejam com sinceridade ouvir sua voz interior precisam permanecer muito prevenidos, atentos e afastados das vozes dos jogos sociais, que nada mais são do que a manifestação da mentira e da hipocrisia. A voz interior, ao contrário, é sempre portadora da verdade.

O Homem Comum e o Homem Realizado

Conheceram-se, como se costuma dizer, por casualidade. Ele era um homem que já atingira a serenidade da idade madura. Percorrera e experimentara diversos caminhos do pensamento: desde a rigidez dogmática religiosa até as incursões diversas e às vezes contraditórias na filosofia moderna e no livre-pensamento. Conhecera e estudara as diversas escolas e as organizações esotéricas e mentais mais variadas. E, por fim, foi-se infiltrando aos poucos no campo fértil, fecundo, luminoso, infinitamente amplo, aberto, sem limites, sem dogmas, o caminho e o campo da busca ditosa do si mesmo, da Realidade do Ser.

Depois de tantas imposições e normas de vida, ensinadas por igrejas, escolas, métodos, etc., chegara à investigação do Ser em si mesmo "com a liberdade dos filhos de Deus", que conseguem vê-Lo, senti-Lo e encontrá-Lo em cada coisa, a cada passo, em qualquer curva do caminho, porque sabem que Ele é aquele que vive no centro de si mesmos.

Ela era uma mulher às portas da maturidade. Fora educada com uma orientação religiosa estrita, uma moral convencionalmente limitada e tradicional. Suas experiências no campo religioso a desiludiram a tal ponto, em razão das incongruências dos dirigentes religiosos, que chegara a abandonar toda prática religiosa. Continuava mantendo, no fundo, um sentido religioso claro, mas as crenças estruturais da religião haviam desaparecido totalmente de sua vida concreta e pessoal, levando-a a sentir um grande alívio psicológico em sua vida e a adquirir uma serenidade invejável e incomum, bem como uma tranqüilidade humana que ela mesma se encarregava de sublinhar e ressaltar com suas palavras. No entanto, estacionara, perdera quaisquer aspirações ulteriores, exceto a de viver uma vida cômoda e folgada.

A convivência entre ele e ela em breve levou a um relacionamento afetivo especial. Havia, porém, entre eles uma barreira, um grande obstáculo a que esse relacionamento se tornasse profundo, duradouro e com possibilidades de êxito futuro.

Ela era uma mulher comum, com as aspirações comuns a todas as mulheres, com desejos, projetos e pretensões comuns a quase todas as mulheres.

Ele, ao contrário, deixara algumas e estava abandonando todas as aspirações comuns a quase todos os homens.

O caminho deles, quanto a seus desejos e projetos de vida, achava-se bifurcado. Enquanto ela buscava e seguia uma vida comum de comodidade e desafogo, a exemplo de quase todas as outras mulheres e homens, ele escolhera um caminho pouco percorrido, mas desejado e amado naturalmente por ele, embora muitas vezes se sentisse como um caminhante quase solitário em sua peregrinação.

Ela lhe reprovava esse afã de escolher um caminho abandonado por todos, um caminho diferente do caminho comum das pessoas. Dizia-lhe: "Por que você não é um homem comum, como todos os outros? Por que você não é igual aos outros?" Essa atitude parecia ser a mais lógica, a mais sensata, normal e equânime. Ele se afigurava como o homem raro, anormal, estranho, díscolo, heterodoxo, rebelde, desertor, etc.

Para todas as pessoas parece ser são, lógico e até mesmo virtuoso seguir o caminho que é seguido por todos, seguir o rebanho, seguir a corrente, fazer o que todos fazem, viver como todos vivem.

Mas ele escolhera ser sempre e inteiramente livre.

Não é necessário dizer que aquele relacionamento incipiente estava destinado ao fracasso. Seus caminhos levavam a metas diferentes. Por um lado, havia o caminho comum, cuja meta era a comodidade vulgar e a mediocridade dourada. Por outro lado, ao contrário, estava o caminho livremente escolhido, como poucos o fazem, cuja meta consistia simplesmente em realizar a missão de ser, acima de tudo, uma pessoa consciente e amorosa, prescindindo desse objetivo tão comum de se "passar bem, o melhor possível", que é o objetivo mais geral de quase todas as pessoas.

Ele sabia que a exigência interior que sentia de saber e compreender o sentido de viver como um ser consciente não podia ser satisfeita com uma vida vulgar de comodidade e bem-estar físico. Sabia que todas as satisfações que pudesse ter em sua vida vulgar e comum eram apenas alguns reflexos longínquos e tênues do sol. E ele aspirava a viver do sol, no sol que sentia ser ele próprio no âmago de seu ser.

Para as pessoas comuns, que vivem de sombras e reflexos, a aspiração de viver no sol era uma loucura, um despropósito, uma ilusão vã e inconcebível, sem sentido.

Ele sabia muito bem que afastar-se de seu caminho seria cair na ilusão vã das coisas impermanentes, que oferecem as satisfações momentâneas, que, por sua vez, desembocam no vazio e no fastio.

Ele sabia que escravizar-se à ilusão seria cair no egoísmo, que, inevitavelmente, conduz ao sofrimento devido aos desejos não-realizados e ao temor permanente pelo futuro incerto.

Ele sabia que a vida comum e vulgar da maioria das pessoas escraviza, devido à ambição de ter, de possuir, e mantém as pessoas na dependência da falsidade ambiciosa e enganosa dos ouropéis mundanos, tidos como a meta mais cobiçada e cobiçável.

Ele sabia que o caminho para o seu próprio ser interior era, ao mesmo tempo, curto e longo. Era curto porque não existia tal caminho, uma vez que o ponto de partida e de chegada era o mesmo: a própria pessoa. E era longo porque, para vê-lo e compreendê-lo com clareza, era necessário ir eliminando todos os erros e ilusões entre os quais estivera vivendo durante a maior parte de sua vida.

Ele sabia que o viver baseado na Verdade do Ser, na luz do sol, exigia uma grande dose de arrojo e audácia para desprezar o que era ilusório e imediato, mas que se mostrava como autêntico e real, e para dedicar-se à busca e vivência da verdade do Ser, que, aos olhos da maioria, se afigurava como uma ilusão remota e sem fundamento.

Ele era um buscador da verdade e ela era uma aspirante ao gozo da ilusão do imediato.

Ele compreendera a futilidade das formalidades e convencionalismos sociais, o culto excessivo que se costuma prestar ao corpo, bem como a vacuidade palavrosa da intelectualidade demasiada.

Ele, que fora vítima de intelectualismos complicados e asfixiantes durante muito tempo, compreendia que certos alardes intelectuais não eram senão uma capa de racionalidade que se pretendia dar à vulgaridade do sentido da vida comum, que cada indivíduo escolhera em sua existência...

Ele via que ser "apenas mais um como os outros" era, aparentemente, um objetivo são, sensato e lógico e uma escolha racional. Na realidade, porém, era a rede na qual permaneciam prisioneiros e enredados no rebanho inconsciente e escravo todos aqueles que preferiam seguir a corrente fácil das pessoas comuns em vez de escolher sua própria direção.

Considera-se e se chama de normal o homem comum. No entanto, o que é o normal? Quem é normal? Uma coisa é normal quando se rege e se mantém dentro das leis e normas que lhe são, por natureza, correspondentes. Assim, uma pessoa que só tem um olho não é normal. Um gato que não mia ou um cachorro que não late tampouco são normais. Porque essas ações correspondem à natureza do gato e do cachorro.

Uma pessoa será normal quando é e realiza o que é próprio de sua natureza. Esse é o sentido próprio e verdadeiro de normalidade. Quando uma pessoa se comporta cumprindo o que lhe pertence por sua natureza e segundo as normas que a governam, ela é normal.

Habitualmente, contudo, costuma-se chamar de normal o indivíduo que se comporta de acordo com a maioria das pessoas. E, ao contrário, costuma-se chamar de anormal o indivíduo que é e se comporta de um modo diferente.

Conta-se que, há muito tempo, vivia na encosta de uma montanha um santo ermitão. No sopé da montanha estendia-se o único povoado daquela região. Um dia, Deus preveniu todos os habitantes daquela área de que haveria um terremoto, após o qual das fontes e mananciais jorraria água contaminada que enlouqueceria todos os que dela bebessem. O ermitão, sabiamente, abasteceu-se de uma boa quantidade de água, enquanto as pessoas do povoado, indiferentes e despreocupadas, não fizeram caso do aviso. Depois do terremoto, ao beber da água, todos enlouqueceram, salvo o ermitão. Um dia ele desceu até o povoado e viu que todos estavam loucos. Seus relacionamentos e sua convivência desenvolviam-se a partir de sua loucura. O ermitão não conseguia entender-se com eles e se sentia só, isolado e anormal entre os loucos. Subiu então até a sua caverna, derramou toda a água que tinha e bebeu da água contaminada, a fim de enlouquecer como todos os outros. Sentiu-se, desse modo, "apenas mais um como os outros".

Fazer o que todos fazem, pensar como todos pensam, gozar como todos gozam, reagir como todos reagem, vestir-se como todos se vestem, ser e viver como todos são e vivem é o que se costuma chamar de normal, mesmo que o modo como os outros fazem, pensam, gozam, reagem, se vestem, são e vivem seja o mais alheio e impróprio da natureza humana.

Na vida diária, quando alguém se vinga de uma ofensa ou por ter sido de algum modo enganado, costuma-se dizer: "Sua ação foi lógica e normal. Ele não podia ter agido de outro modo... Mas essa reação vingativa, por mais comum e geral que seja, não é regida e orientada pelas normas do ser verdadeiro e profundo da natureza humana.

Quando o ser humano é consciente de si mesmo e conhece sua natureza verdadeira e profunda, ele sabe que a norma pela qual deve orientar-se em sua vida, diante das ofensas, é a da compreensão e do perdão. Essa é, além disso, a norma ou lei que nos tem sido recordada pelos grandes mestres da Humanidade. E não se trata de uma norma "anormal", extraordinária. Trata-se da norma que nasce do próprio conhecimento da natureza humana.

O homem desperto, realizado ou a caminho da realização não difere, aparentemente, do homem comum. No entanto, o seu "estar" entre as pessoas e entre as vicissitudes da vida é totalmente distinto do "reagir" do homem comum diante de qualquer acontecimento.

A Ciência do "Disseram..."

Seja sincero consigo mesmo.

Observe seus pensamentos, observe seus juízos, observe seus gostos. Verá que nada é seu.

Se você tirar de si mesmo, de sua mente, tudo o que "lhe disseram", o que "lhe ensinaram", tudo o que lhe disseram acerca do que você deve crer, pensar, preferir, fazer, sentir...

Se tirar tudo aquilo que você pensa e sente "porque lhe foi enfiado na cabeça" e "na mente", o que lhe restará?

Seja sincero consigo mesmo. Observe quantas idéias, pensamentos, convicções há em você que sejam fruto de sua própria visão, de sua percepção pessoal, de sua própria intuição.

Verá que quase tudo o que você pensa, sente, prefere e deseja lhe foi imposto, de uma maneira ou de outra, em um momento ou outro de sua vida. Quase nada é seu. Quase nada foi adquirido por sua própria escolha, de modo livre e espontâneo.

O mais grave de tudo é que, entre todas essas idéias que nos foram impostas, há uma, que chegamos a adotar, que é a mais importante de nossa vida, a saber, a idéia a respeito de nós mesmos.

Desde a nossa infância, os nossos pais e educadores disseram-nos: você é mau, não serve para nada, você é burro, você é um inútil, etc. E o que nos foi dito por nossos pais e educadores permaneceu gravado em nós como um dogma, como uma verdade irrefutável, como algo indiscutível e taxativamente certo. Pensávamos então: eu só tenho valor se sou obediente e me submeto a tudo o que querem de mim. Ou seja, eu só tenho valor pelas coisas boas que faço, mas, por mim mesmo, não tenho nenhum valor. Não sou quase nada. O que importa é o que os outros pensam de mim.

E assim fomos crescendo com o conceito de que a valorização de nós mesmos não se fundamentava no nosso próprio ser e natureza, mas, antes, na idéia que os outros e nós tínhamos acerca de nós mesmos.

A mesma coisa continuou ocorrendo quando nos tornamos adultos. Aceitamos certos postulados, certos princípios, certas frases, certas idéias porque todo mundo as admite, seja pela autoridade de alguma pessoa importante, seja pela autoridade que alguém exerce sobre nós.

Fomos alimentando-nos da ciência do "diz-se", esquecendo ou desprezando a sabedoria do "eu vejo", "eu intuo", "eu sei", "minha voz interior me diz"...

Essa voz interior é mais valiosa do que todos os "diz-se" juntos. É necessário ver, olhar, julgar, sentir, opinar, pensar e saber por nós mesmos.

As opiniões e os pensamentos dos outros podem ser muito valiosos para eles, no caso de serem realmente deles. E serão valiosos para mim quando eu próprio puder vê-los, senti-los, quando se tornarem realmente meus.

Temos o costume de viver de empréstimos.

Vivemos com idéias alheias, herdadas, emprestadas.

Vivemos como as crianças que não sabem andar sem andadeiras, apoiando-nos permanentemente nas idéias, opiniões, gostos, pareceres ou juízos dos outros.

Vivemos de estereótipos, repetindo sempre as mesmas cantigas. Repetimos frases ou pensamentos de personagens famosos ou menos famosos, aceitando-os, sem mais nem menos, como válidos.

Vivemos alienados, como se fôssemos incapazes de pensar, falar, julgar, sentir, ver e viver por nós mesmos.

Necessitamos, urgentemente, de uma revisão e de saber o que é que a nossa voz interior nos diz. Ela é a nossa verdadeira autoridade.

Observe seu modo de pensar e falar. Observe como você está limitado a certas expressões e palavras. Observe como você se esforça em convencer-se e convencer os outros de certas coisas que não fazem sentido, mas que você mantém por costume, pela autoridade alheia, por interesse ou por medo de ficar fora do rebanho daqueles que pensam desse modo. Observe suas frases e palavras estereotipadas, rotineiramente repetidas, cegamente aprendidas em algum livrinho ou de algum professorzinho... Ouça e perceba que a sua voz é um simples eco das vozes e palavras dos outros. O que você encontra dentro de si que seja verdadeiramente seu?

De tudo aquilo que você acredita, pensa, opina, fala, etc., o que há que seja verdadeiramente seu? O que há em tudo isso que seja fruto de sua visão pessoal, de sua visão direta e convicção interior?

Você sente temor das ameaças que tem recebido desde sua infância no sentido de que você deve ser dócil e aceitar o que lhe dizem e ensinam aqueles que têm autoridade.

Não há dúvida de que o conhecimento intelectual, científico e experimental de algumas pessoas é superior ao seu e merece todo o respeito. No que se refere, porém, à sabedoria, ao sentido de sua vida, à formação de sua opinião acerca das coisas e dos acontecimentos, você tem tanta capacidade quanto os outros de observar, ver e sentir por si mesmo. O que você realmente necessita é aprender a ver por si mesmo e a ouvir sua voz interior.

A sua voz interior não é aquilo que a sua mente diz. A mente apenas repete o que vê e ouve do exterior.

A sua voz interior não é inferior a de nenhuma outra pessoa, por mais alto que seja o grau de autoridade por ela exercido.

Aquele que É A Inteligência e A Verdade dotou-o, bem como a todos os outros seres humanos, com a mesma capacidade de Ver e conhecer a Verdade da Sabedoria. Por que você confia mais no que os outros lhe dizem do que no que lhe diz o Criador que lhe deu a Inteligência que você é?

Quando você deixar de pensar por intermédio dos condicionamentos e conteúdos mentais que recebeu do exterior e começar a observar e ver por si mesmo, por intermédio daquilo que você é como inteligência interior, então poderá sentir-se você mesmo e verá e sentirá que a Verdade está dentro de você.

Muitas pessoas mantêm determinadas crenças por interesses de conveniência, por tradições familiares, por motivos autoritários ou sociais. Em tais casos, é impossível chegar a conhecer e saborear A Verdade.

Liberte-se de todos os motivos "interesseiros" que o fazem pensar e acreditar nisto ou naquilo. Liberte-se do medo de ficar sozinho com "suas" crenças próprias e autênticas. Liberte-se da necessidade e obrigação que você sempre sentiu, desde sua infância, de pensar e acreditar de uma determinada maneira... e você começará a sentir e a desfrutar o ar fresco e puro da liberdade que lhe foi destinada pelo Criador, que sabe muito bem o que faz e que fez você consciente, inteligente e livre.

Minha voz interior me diz que você não deve aceitar nada do que lhe digo, se você não o vê. Do mesmo modo, não deve aceitar o que os outros lhe disseram, caso não o veja por si mesmo.

Minha voz interior me diz que você só deve aceitar o que sua voz lhe diz. Mas você só ouvirá o que a sua voz lhe diz quando a sua mente estiver livre dos antigos condicionamentos mentais e quando o seu coração estiver limpo dos interesses e conveniências pessoais e dos absurdos temores infantis escravizadores.

Não acredite em mim. Acredite em você.

Não tenha fé em mim. Tenha fé em você.

Não acredite na minha voz. Acredite na sua voz.

Quando você ouve o que a minha voz interior diz, escute a sua própria voz. A sua voz e a minha voz são a mesma voz. O que a sua voz lhe disser será válido, certo e verdadeiro. "O que a sua voz lhe disser." Não o que lhe dizem as idéias que estão agora confundindo a sua mente. "O que a sua voz lhe disser" quando você tiver conseguido desfazer-se das idéias enraizadas em sua mente e dos sutis e ocultos motivos interesseiros da sua vontade e do seu ego.

Minha voz interior não lhe propõe, e tampouco lhe impõe, nenhuma doutrina ou ideologia. Minha voz interior me diz e lhe diz que esvazie a sua mente de conteúdos condicionantes, a fim de ficar limpo e de ser livre para ver com olhos puros e inocentes, pensar com uma mente descondicionada e sentir e viver a verdadeira e autêntica liberdade interior.

O Primeiro é o Primeiro

Muitas pessoas se perguntam qual é o remédio para os males que afligem a Humanidade, não só os males físicos, mas também os morais.

E minha voz interior me diz que a causa e a origem de todos os males de que padece a Humanidade reside no desconhecimento e distanciamento em que vivem os seres humanos em relação a si mesmos, ao seu autêntico ser real.

Os antigos mestres e sábios da Humanidade insistiam e eram unânimes em afirmar que o princípio da sabedoria e, por conseguinte, também da justiça, da harmonia, da ordem e da felicidade, tanto do ser humano consigo mesmo como no que diz respeito à sua relação com os demais, é ou consiste no verdadeiro conhecimento de si mesmo.

Teoricamente, essa é uma das verdades mais universalmente aceitas. Ao mesmo tempo, porém, essa aceitação teórica não vem acompanhada da preocupação lógica e do esforço subseqüente para se chegar ao autêntico conhecimento de si mesmo.

Não resta dúvida de que a autêntica pedra filosofal e o verdadeiro princípio e fundamento da paz, da justiça e da felicidade é o conhecimento real, profundo, sincero e honesto do verdadeiro "si mesmo".

Mas acontece que, antes de conhecer o eu, o autêntico "si mesmo", temos de conhecer o "eu" que acreditamos ser, a imagem que temos de nós mesmos. Além disso, temos de saber também por que vivemos ao redor de uma imagem determinada, que defendemos como se fosse nossa verdadeira realidade.

Vejamos como ocorre tudo isso em cada ser humano.

Ao nascer, cada pessoa já traz em suas células embrionárias uma certa informação e alguns caracteres determinados que se tornarão condicionantes de sua forma de ser. À parte de todas as tendências comuns a todo ser vivo e ao ser humano em especial, cada ser humano vem marcado com certos traços particulares que irão diferenciá-lo, física e psicologicamente, dos demais.

À medida que vai tomando forma no seio materno, continuam as influências condicionantes da mãe sobre a pessoa que está se formando. Ao nascer, os sentidos externos e internos da criança constituem outras tantas janelas abertas, por onde vão chegando imagens, mensagens e gravações de diversos tipos e naturezas, as quais vão formando e constituindo o conteúdo de sua mente.

Quando a criança começa a compreender, ainda que vagamente, o significado daquilo que percebe, tem início seu desconcerto. Algumas vezes ouve, vê e percebe que se referem a ela e a tratam como uma criança boa, simpática, inteligente, amável... Outras vezes, porém, através das mesmas pessoas ou de outras, ouve e percebe que a consideram má, burra, antipática, odiosa...

Começa, desse modo, seu desconcerto. Já possui duas imagens de si: uma imagem positiva, a de uma criança boa, inteligente e simpática, e uma imagem negativa, a de uma criança burra, má e odiosa.

A criança intui e sabe que não é nem uma nem outra.

Pode acontecer, embora não seja muito freqüente, que a criança forme uma única imagem, positiva ou negativa, de si mesma. Mas isso não muda nada. Ela sabe que não é isso. Ela sabe, embora não de modo consciente e reflexivo, que ela é uma outra coisa, e muito mais do que dizem a seu respeito. Em outras palavras, poderíamos dizer que a criança é mais sábia do que os adultos, os quais já se encontram corrompidos e afastados de seu verdadeiro "eu".

Mas a criança necessita de carinho. Para ela, isso é tão importante para sua subsistência quanto a alimentação. Ela quer ser aceita nessa sociedade em que vive. Mas para ser amada e aceita necessita submeter-se às exigências dessa sociedade, que lhe impõe determinados modos, o cumprimento de certas normas que ela deve seguir para ser amada e considerada uma boa pessoa. Esforça-se, então, por todos os meios, para transmitir uma boa imagem e obter a estima dos demais. É o momento das "gracinhas" e das "momices" com o objetivo de ser aceita pelas pessoas. Às vezes, contudo, ocorre que, para comprazer aos outros, será necessário deixar de ser espontânea e fiel a si mesma. E ela o faz para atingir o seu objetivo de ser amada. Quer atinja ou não o seu objetivo, sente, de algum modo, que está sendo infiel a si mesma. A criança vai percebendo que, quando age de um determinado modo, é mais aceita. Assim, vai formando uma imagem de si que deve ser amada e aceita por todos. É como se fosse sua imagem ideal. Essa imagem irá sendo alterada com o crescimento e o correr dos anos. Mas essa pessoa sempre terá diante de si uma imagem que deverá ser amada e aceita pelos outros, e até admirada. Toda a sua vida será um esforço e uma luta permanentes para manter e melhorar sua imagem. E aquela criança chega à maturidade, sem estar amadurecida, transformando-se num adulto que joga o mesmo jogo, a saber, o de que sua imagem seja amada e admirada por todos.

Mas a pessoa vê que a imagem que tem de si e a imagem que os outros têm dela não é suficientemente boa e elevada. Desse modo, cria, imagina uma outra imagem mais perfeita e ideal. Mesmo assim, porém, sente-se frustrada. Pois a imagem que ela tem e que os outros têm não corresponde à imagem ideal que ela se propôs.

Por estar afastada do seu verdadeiro ser, que é muito melhor que todas as imagens que podem ser criadas, ela continua esforçando-se, dia a dia, em melhorá-la e em representar a imagem ideal que deseja ter diante dos outros.

Quase toda a existência humana da maior parte das pessoas se inscreve neste contexto: fornecer uma boa imagem para ser aceita, apreciada, amada, elogiada e admirada.

O pecado original consiste em termos criado essa dualidade acerca de nós mesmos, essa imagem com que vivemos identificados, como se fosse a nossa verdadeira realidade. Enquanto não retornarmos à unidade da identidade com a verdadeira natureza, os problemas subsistirão. Fomos expulsos de nosso país ou, mais exatamente, nós mesmos nos exilamos de nosso paraíso. Acreditamos ser esses "egos" individuais, separados da unidade do SER, ignorando que nosso valor, nossa bondade, nossa inteligência, paz e felicidade consistiam e consistem precisamente na Unidade e não na separatividade e individualidade.

O "ego", a imagem de nós mesmos, é uma idéia mental, distinta e separada da Realidade.

Ao sentirmo-nos fora e distantes de nossa verdadeira realidade, sentimo-nos exilados, solitários, expulsos de nosso verdadeiro paraíso e nos dedicamos a compensar essa solidão com a acumulação de coisas e a criação de uma imagem de nós mesmos. Vagamos de um lugar para outro, sempre em busca do que já temos, do que já somos, por causa do erro de acreditar que somos algo que não é nem mesmo a sombra de nossa verdadeira identidade.

Dissemos, e haveremos de repeti-lo até à saciedade, que esse desconhecimento da verdadeira identidade humana é a origem das ansiedades, das rivalidades, das hipocrisias e enganos, dos ressentimentos, das depressões e desalentos, das insatisfações, etc.

Costumam-se dar receitas e remédios momentâneos para todos esses males. Enquanto, porém, não deixarmos de lado a falsidade de viver alimentando o "ego" com que estamos identificados, as insatisfações interiores aparecerão sob qualquer aspecto ou nome, porque a plenitude a que estamos destinados só pode ser descoberta onde se encontra, ou seja, na verdade a respeito de nós mesmos.

Os Níveis de Consciência e o Mal

Aquele meu amigo me dizia que era impossível a existência de um Deus bom, como se afirma, porque, se Deus é bom e onipotente ao mesmo tempo, como pode permitir que exista tanto mal no mundo? Dizia-me também que as explicações que costumam ser dadas são ridículas e absurdas. Alguns dizem que Deus faz o bem e o diabo, ou os demônios de segunda categoria, fazem o mal. Dizia-me então: se é assim, onde está o poder de Deus se um diabinho qualquer pode mais que Ele? E se Ele *permite* que o diabo faça o mal, onde está sua bondade? E acrescentava: a mesma coisa acontece com o homem. Dizem-nos que Deus não gosta do mal que fazemos. Mas se Ele realmente não gosta, por que não nos ajuda um pouco mais, para que façamos o bem?

Aquele meu amigo quase enlouquecia em sua busca de uma resposta para suas inquietações mentais.

Mas minha voz interior me diz:

Vocês criam muitos problemas em suas mentes. Desde os tempos antigos, os filósofos e teólogos se enredaram em polêmicas ideológicas sobre esse tema. Alguns, os mais humildes e sensatos, adotaram uma posição mais sincera, dizendo que o problema ultrapassa nossa capacidade mental e não podia ser entendido, sendo então abandonado no desvão dos problemas incômodos e indecifráveis chamados de mistérios.

Um problema que aparece como irresolúvel só pode ser desfeito quando se VÊ que não se trata de um problema, mas de uma simples criação mental. E se ele foi criado pela mente, não tem realidade fora dela.

Em outras palavras: não existe o mal. Só existe a idéia do mal na mente. Enquanto dermos e atribuirmos realidade ao que é unicamente mental, o problema subsistirá e será irresolúvel, tal como a existência do círculo quadrado.

Quando se compreende que só existe o Bem e que tudo o que existe é bom, vemos então que o que chamamos de mal é bem, porém mal-observado, e identificamos essa maneira má de observar com a coisa observada, dizendo que a coisa é má. Por conseguinte, o mal não está na coisa que observamos ou julgamos, mas, antes, em nossa observação ou em nosso juízo.

Os filósofos gregos já diziam que O Ser, tudo quanto existe é, em si mesmo, Uno, Belo, Bom e Verdadeiro.

Quando vemos algo que nos parece dual ou múltiplo, algo que nos parece feio, algo que nos parece falso ou algo que nos parece mau, a dualidade, a fealdade, a falsidade ou a maldade não se encontram no ser em si, mas em nossos olhos, em nossa avaliação, em nossa mente.

Referindo-nos ao problema do mal, temos de estabelecer, portanto, que o mal não existe. O mal é uma avaliação, é um ponto de vista, é um juízo da mente pelo qual comparamos aquilo que pensamos acerca de uma coisa com aquilo que acreditamos que essa coisa deveria ser. Essa coisa pode ser uma pessoa, um objeto, uma ação, um acontecimento, uma conduta, etc. Mas há sempre uma comparação entre "o que é" e o que acreditamos que "deveria ser".

Assim sendo, dentro da criação mental do mal, poderíamos dividi-lo em mal físico e mal moral.

O mal físico diria respeito aos defeitos na composição e funcionamento de tudo o que é material, e o mal moral diria respeito ao que é impróprio ou incorreto nas ações humanas.

Um câncer seria, por exemplo, um mal físico. Algumas células do organismo se separam do resto, morrem e vão contagiando as outras, numa descrição simples do processo. A verdade é que o consideramos um mal porque o organismo não está funcionando como acreditamos que deveria funcionar, como nos seria conveniente que funcionasse. Contudo, por que acreditamos que um organismo físico material deve sempre funcionar de modo perfeito? Pertence à natureza das células e de todo o organismo vivo o fato de morrer, em virtude de seu desgaste natural ou devido a qualquer deterioração possível. Está-se cumprindo, portanto, a lei da matéria. Cumpre-se a lei de todo organismo vivo. Onde está o mal, então?

O mal está no fato de a nossa mente rechaçar a lei, porque não é do nosso agrado que ela se cumpra em certos momentos e em alguns casos. Queremos que a lei se acomode à nossa conveniência e ao nosso gosto. Gostaríamos de uma lei que se acomodasse, a todo o momento, ao nosso gosto. Rechaçamos a lei. Logo, o mal não está na coisa, no fato, mas em nossos olhos, em nossos desejos. Queremos ou gostaríamos que fosse de outro modo. Chamamos de mal o que "é como deve ser" porque gostaríamos que fosse "de outro modo".

O que deve ser feito para que o mal desapareça? Simplesmente constatar que tudo o que é de uma determinada maneira é assim porque a lei natural está sendo cumprida. Para quem ACEITA as coisas tais como são não existe o mal. Todo o mal é uma distorção de nossa mente, de nosso desejo.

As coisas estão bem. O que não está bem é o nosso modo de ver as coisas, a nossa mentalidade a respeito das coisas e dos acontecimentos, os nossos desejos de que as coisas não sejam como são, como têm que ser, cumprindo a lei que as rege, mas como a nossa conveniência gostaria que fossem. Esse é o pecado original, a criação da dualidade, a separação de nosso "ego" da vontade do Criador da lei das coisas. A não-aceitação da vontade do Criador é a rebelião contra Ele.

Diz a Bíblia que o demônio, sob a pele da serpente, disse a Adão e Eva: Deus os proibiu de comerem da árvore da ciência do

Bem e do Mal porque no dia em que dela comerem serão Deuses como Ele. E comeram. Ou seja, criaram a dualidade do bem e do mal. Quiseram ser criadores. Quiseram impor uma lei, a lei da comparação e da conveniência contra a lei UNA: cada coisa é o que é e deve-se cumprir que seja como é. Em vez disso, Adão e Eva criaram uma lei: as coisas devem ser o que eu quero e como eu quero que sejam. Aí está o mal: no fato de se afastarem da lei Una, da lei do Criador, da vontade do Ser Absoluto, Inteligente, que fez e faz com que cada coisa seja como é, como deve ser.

Tudo se cumpre como deve ser. Quando vejo que algo não me favorece, quero que seja de outra maneira. E, se isso não ocorre, chamo-o de mal, considero-o um mal.

Há exemplos simples e evidentes de que tudo o que chamamos de mal ou mau não passa de uma simples avaliação pessoal. Costuma-se dizer que nunca chove a contento de todos. A mesma chuva, portanto, que para alguns, num determinado momento, é uma bênção, para outros, nesse mesmo momento, é uma desgraça e um mal.

Passemos, agora, à observação e análise do mal de natureza moral.

É muito comum dividirem-se as pessoas, como nos filmes, em pessoas boas e pessoas más. Mas mesmo essa divisão não é homogênea ou igual para todos. Enquanto alguns qualificam certas pessoas ou certas formas de conduta como boas, outros consideram más essas mesmas pessoas ou formas de conduta.

Logo de início vemos que o bom ou o mau, o bem ou o mal moral não é tão evidente e taxativo. Trata-se de um modo de ver, de um modo de julgar.

Penetremos, porém, na essência do problema. Digo e afirmo que o mal moral, do mesmo modo que o mal físico, tampouco existe em si mesmo.

Costuma-se dizer que algumas pessoas são más quando não executam ou não agem como "acreditamos e pensamos" que deveriam agir. Mas acontece que aquilo em que acreditamos não coincide com aquilo em que elas acreditam.

Em outras palavras, cada pessoa, por qualquer razão que seja, vive num certo nível de consciência. Ou seja, o conhecimento interior de cada pessoa é diferente. Não sabemos a razão — e este não seria o momento de nos estendermos sobre esse assunto — pela qual cada pessoa está vivendo com a consciência num certo grau de desenvolvimento.

Assim como a variação no nível de desenvolvimento cultural, científico ou físico é quase infinita, de acordo com a pessoa, também é variadíssimo o nível de consciência em que vivem as diversas pessoas. Para simplificar, porém, consideraremos três níveis, ainda que, no interior de cada nível, existam inúmeros e diversos graus.

Há pessoas que vivem num nível bastante elementar de consciência. Trata-se de um nível muito parecido e próximo ao dos animais irracionais. E temos até mesmo o caso em que alguns animais irracionais vivem de um modo tão perfeito e em tal grau o seu nível animal que o mesmo acaba sendo superior ao de algumas pessoas. Esse nível elementar é o da lei da selva. Encontra-se regido pela lei do mais forte ou do mais fraco. É bom tudo aquilo que é bom para cada um. Se algo me apetece e sou mais forte ou mais hábil do que aquele que o possui, arrebato-o para mim. Nesse nível, é bom tudo que apetece e é bom consegui-lo, não importa o meio. Destruir, matar, eliminar o mais fraco ou menos hábil é considerado correto, porque a lei consiste em conseguir o que me convém.

Dentro do nível regido por essa lei, matar e eliminar é o correto, é bom para aquele que age. Os grandes tiranos da Humanidade se regiam por esse nível e por essa lei. O mesmo ocorre em nossos dias com os ladrões e criminosos, tanto os que assaltam à mão armada como os do "colarinho-branco". Há muitas pessoas que vivem num alto nível social, econômico e até cultural e que se desenvolvem, na vida prática e concreta, em um nível elementar de consciência ou na lei da selva.

Quando a pessoa se desenvolve um pouco mais, vê que as outras pessoas são iguais a ela e têm os mesmos direitos que ela.

Compreende que há uma lei expressa pela justiça eqüitativa. Vê que o outro é igual a ela e que devem respeitar-se mutuamente.

É a esse nível que chamamos de humano, e onde predomina a lei da justiça eqüitativa, por meio da qual cada um dá ao outro aquilo que lhe pertence, respeitando-se mutuamente os direitos de cada um. Nesse nível se inscrevem as legislações dos diversos países e as declarações internacionais dos direitos humanos. Geralmente, pelo menos na teoria, é nesse nível que se desenvolve ou se pretende desenvolver a atividade humana, e o objetivo dos governos e dos cidadãos consiste em cumprir as normas desse nível.

Existe, contudo, um terceiro nível de consciência. Trata-se do nível espiritual. Quem vive nesse nível dá sem receber nem exigir. "Eu lhe dou, mesmo que você não me dê. Eu o respeito, mesmo que você não me respeite. Eu o amo, mesmo que você não me ame e mesmo que me odeie."

Não é fácil encontrar muitas pessoas que vivam nesse nível superior. Mas esse é, ou deve ser, o objetivo que cada um deve-se propor a alcançar na vida. Quando uma pessoa vive habitualmente nesse nível de consciência, diz-se que está realizada. Trata-se do nível da perfeição humana.

Podemos, portanto, enquadrar os seres humanos dentro desses níveis de consciência, de acordo com seu desenvolvimento. Propomos esses três níveis como pontos de referência, para que tenhamos uma orientação. Contudo, como diremos mais tarde, não se trata de níveis estáticos nem exatos, mas apenas orientadores.

Levando-se, pois, em conta esse pressuposto, poderíamos dizer que o mal moral é o juízo que se faz de uma ação realizada num certo nível de consciência, mas observada e julgada a partir de um outro nível superior, no qual se imagina que deveria estar a pessoa que age. Quem vive no nível elementar de consciência, ou na lei da selva, quando destrói e mata, faz o que tem de fazer, o normal e o bom nesse nível em que se encontra instalado. Essa ação, observada a partir de um nível superior ou comparada a uma ação própria do nível humano, é considerada incorreta, má, porque acreditamos que essa pessoa deveria reger-se pela lei humana e não pela lei da selva. Aquele, porém, que age desse modo, assim o faz para seu bem. A ação em si almeja o bem, visto que ele acredita que o bom é tudo aquilo que é bom "para ele". Em seu nível, sua ação é boa, é correta.

Todos aqueles que consideram má a pessoa que se rege por um nível inferior de consciência, deveriam ser conseqüentes e ver que, se eles próprios fossem julgados com o mesmo rigor e com o mesmo critério por eles utilizado, seriam da mesma forma tachados de maus, quando observados e julgados a partir do nível superior, ou espiritual, no qual todos os seres humanos estão convocados a viver.

Assim, o que chamamos de mal moral encontra-se no juízo que se faz de uma ação, comparando-a ou medindo-a com a norma de um nível superior.

Dissemos que não há uma linha divisória entre os níveis que assinalamos, mas, antes, infinitos graus de evolução em cada nível. Além disso, é muito comum que uma pessoa, em algumas ocasiões, se comporte num nível, ao passo que, em outras, se comporte em níveis diferentes. Há pessoas que, num determinado momento, realizam um ato heróico de solidariedade e amor, enquanto, em outros momentos, comportam-se no nível mais baixo e elementar.

É evidente que, enquanto uma pessoa se comporta, num determinado momento, no nível mais baixo, pode ter conhecimento, pelo menos intelectual ou teórico, de que, no fundo, poderia e deveria comportar-se num nível superior, mais humano. Nesse momento, porém, nela predomina um nível de consciência prático mais elementar. E seu comportamento se dá de acordo com esse nível. E isso ocorre porque nem sempre a consciência teórica, intelectual ou cultural vem acompanhada de um nível de consciência prática ou de conduta. E é por isso que, por um lado, faz o que é bom para ela, esquecendo-se dos direitos dos outros, enquanto, por outro lado, sabe e sente que poderia e deveria comportar-se num nível mais humano. Surge então a responsabilidade e, conseqüentemente, a culpabilidade. Apesar de tudo, porém, a pessoa que age sempre o faz sob o signo do bem, ainda que esse bem seja muito limitado e socialmente condenável por não levar em consideração o bem social, que, a partir do nível humano, não deveria ser deixado de lado. Contudo, essa ação, em si mesma, é boa. E é má, ou é julgada e considerada má, por comparação ao que deveria ser.

Portanto, é o juízo comparativo a causa de se chamar de má uma ação e a pessoa que a executa. Mas o móbil dessa ação é o bom, o bem, ainda que essa bondade seja bastante limitada pelo fato de o sujeito que age ter a consciência muito limitada ao seu próprio bem, sem levar em conta o bem social ou o bem dos outros.

Estritamente falando, e seguindo o parâmetro do juízo comparativo, que nos leva a chamar de más determinadas ações e pessoas, seríamos obrigados a concluir que todas as ações e pessoas são más, salvo essas poucas pessoas que vivem, habitualmente, no nível superior ou espiritual, onde ocorre uma total identificação com O Ser, Deus, por causa do amor verdadeiro e permanente. Mas não é assim. Em si mesma, cada ação é boa no nível em que é executada, porque aquele que age sempre o faz em busca do bem, por mais parcial, egoísta e limitado que seja. O conselho bíblico “Não julgueis e não sereis julgados, e com a medida que medires sereis medidos” tem, aqui, uma aplicação exata. Aqueles que, apressadamente, julgam e chamam os outros de maus devido às suas ações, deveriam tê-lo sempre em mente. Talvez então se abstivessem de tais juízos e se tornassem mais compreensivos.

Isso tudo não quer dizer que se deva aplaudir e elogiar certas ações que, evidentemente, são executadas em níveis inferiores de consciência. Dizemos apenas que são compreensíveis porque são boas em relação ao nível em que são realizadas. Ao mesmo tempo, porém, deve-se levar em conta que, tanto essas pessoas que se desenvolvem em níveis inferiores de consciência, como também nós mesmos, que acreditamos estar num nível mais elevado, estamos todos convocados a viver no nível superior de consciência, ou nível do espírito, sempre acessível aos que têm o desejo sincero e a aspiração interior a nele viver.

Tenho consciência de que, para muitas pessoas, é difícil admitir o que estou dizendo, isto é, que nenhuma ação é, em si mesma, má e que, portanto, tampouco se pode tachar de mau aquele que a faz ou executa. Mas essa é a verdade.

É facilmente compreensível que, quanto mais elevado for o nível de consciência em que vive uma pessoa, tanto menos julgará uma outra como má, sendo muito mais compreensiva com aqueles que vivem num nível inferior. E, reciprocamente, quanto mais baixo for o nível de desenvolvimento de uma pessoa, mais severa e exigente ela será com os demais.

Devemos, então, concluir que somos todos bons e que tudo está bem? Em certo sentido, sim. Isto é, cada ação e cada pessoa, considerada no seu nível, é boa. Mas essa bondade crescerá à medida que cada pessoa for crescendo em nível de consciência. Esse é o trabalho da realização humana. Porque o ser humano não se destina a viver no nível de justiça eqüitativa em que lhe disseram que deve viver. Não. Esse nível consiste, simplesmente, em não nos comermos uns aos outros, como ainda ocorre, muitas vezes, em nosso mundo atual. No nível de justiça apenas está presente o amor. E todo ser humano É Amor e se destina a ser a expressão do Amor que É.

Se você aponta com o dedo e julga os outros maus porque não estão vivendo no nível em que deveriam viver, aponte, primeiro, para si mesmo, pois, com toda certeza, você também se encontra num nível inferior ao que lhe corresponde, já que, se estivesse no nível superior, não apontaria para ninguém. Simplesmente, você o compreenderia.

Se, hipoteticamente, ocorresse o caso utópico de existir uma pessoa que vivesse no nível mais elementar, enquanto *todos* os outros seres humanos estivessem no nível superior, não existiria o mal. E ninguém seria tachado de mau, nem mesmo aquela pessoa que vivesse no nível inferior, porque os outros não a julgariam. Ela estaria em seu nível e eles, no deles; e, por se encontrarem no nível superior, não julgariam, mas, antes, compreenderiam.

A solução se encontra, pois, na evolução da consciência. E essa evolução consiste, sobretudo, em VER e COMPREENDER o que cada pessoa é no íntimo de sua natureza. E quando se vê e se compreende a natureza real de si mesmo, a ação é correta, é perfeita.

1 Alguém disse: Por que dar tanta importância ao conhecimento de si mesmo, quando é preciso fazer tantas coisas para melhorar o mundo e ajudar as pessoas que necessitam de nós?

Mas minha voz interior me diz:

Quando você deseja fazer alguma coisa pelo mundo ou ajudar os outros, você precisa saber quem é que deseja. Porque em você há muitos "eus" falsos e apenas um "eu" verdadeiro. Eu disse muitos eus falsos, mas, na realidade, há um único eu falso, que é o "ego", disfarçado com muitas máscaras ou roupagens.

Algumas pessoas querem ajudar porque seu eu religioso quer ganhar o céu. Outras, porque seu eu político deseja construir para si uma plataforma para as eleições. Outras, porque seu eu social quer sentir-se solidário e cidadão responsável. Outras, por sentirem a satisfação de ajudar. Nesses casos, bem como em outros semelhantes, aquele que diz ajudar, ou que tem a intenção de ajudar, não ajuda os outros, mas, apenas, o seu "ego", cheio de egolatria, que se serve dessa suposta e aparente ajuda generosa para sua autocomplacência e em seu próprio interesse egoísta.

Você pode observar quantas organizações chamadas altruístas ou caridosas há no mundo e o gasto com pessoas e recursos que essas organizações despendem. Você verá que os resultados não são proporcionais a tais estruturas. E a explicação reside no fato de que essas estruturas não contam, na maior parte de suas fileiras, com "eus" generosos, mas, sim, com "eus" egoístas, interesseiros e autocomplacentes.

Se essas pessoas e organizações que afirmam trabalhar pelos outros partissem do conhecimento vivencial do verdadeiro "eu", de seu ser profundo, a eficácia seria bem outra.

Comprove por si mesmo. Compreenda quem você é e o que você é e verá que cada instante de seu agir será muito diferente.

2 Diz-se com freqüência: É necessário relaxar a mente, silenciar a mente, esvaziar a mente...

Mas minha voz interior me diz:

Não existe nenhuma mente silenciosa. Quando há silêncio, não há mente. A mente não é uma entidade. É apenas uma função, uma atividade. É a função através da qual a consciência relaciona, julga, compara. Quando não se tem essa função ou atividade, a mente não existe.

Os pensamentos são como nuvens no céu. Aparecem e desaparecem no céu da consciência.

A consciência quieta e silenciosa, luz clara e amor vivo, é a nossa verdadeira realidade.

A consciência olha e vê.

A mente julga e compara. Ou, em outras palavras, a mente é juízo e comparação.

A consciência é a substância, o ser. Os pensamentos, conteúdos constituintes da mente, são acidentes. Podem estar presentes ou não, enquanto a consciência sempre É, sempre está presente.

Só quando silenciamos nossa mente é que nos reconhecemos em nossa verdadeira substância real. Compreendemos então que a nossa consciência não se encontra em nosso corpo, mas, antes, que o nosso corpo se encontra em nossa consciência. Você não é o seu corpo, e tampouco você se encontra em seu corpo, mas é o seu corpo que se encontra em você. Sua mente é o conjunto de dados que chegam à sua consciência através dos sentidos do seu corpo.

Tanto a sua mente como o seu corpo estão a serviço da consciência, a serviço de você.

3 Muitos querem trabalhar para salvar o mundo, para fazer um mundo melhor...

Mas minha voz interior me diz:

Na verdade, você pode fazer uma única coisa verdadeiramente benéfica para o mundo: ser autenticamente você mesmo em tudo. Ser o que você deve ser e fazer o que você deve fazer.

Quando somos o que devemos ser, temos, às vezes que fazer "algumas" coisas. Mas essas poucas coisas que temos de fazer surgem espontaneamente do ser. A proposição e os planos de se fazerem coisas pertencem à mente. Os planos pertencem ao ego mental, e não ao Ser verdadeiro.

A maior e melhor atividade efetiva não é a atividade externa, mas a atividade que surge da união profunda com O Ser (Deus) e o mundo por força do amor. Então, tudo flui harmoniosamente.

Todos os que dizem que querem consertar o mundo devem compreender que, se o seu desejo é assim tão intenso e autêntico, a única coisa verdadeiramente efetiva que podem fazer é melhorar a si mesmos. Quando se consertarem a si mesmos, já não verão, com certeza, o mundo como algo tão ruim. Compreenderão que tudo se encontra em seu devido lugar. Nem mesmo os personagens que governam politicamente os povos podem consertar o mundo se não começarem por si mesmos.

Querer consertar o mundo é um gesto que, por mais que pareça zeloso e de boa vontade, costuma encerrar uma tendência oculta a fugir de si mesmo.

Cada pessoa vê as coisas e o mundo tal como ela é. Quando se vive em harmonia interior, até mesmo nos acontecimentos e situações que aparentam maior desarmonia se pode encontrar uma harmonia oculta. Conserte a si mesmo e você terá consertado o seu mundo e a sua visão do mundo.

4 Para algumas pessoas é difícil e complicado chegar a compreender o que é isso que existe como centro de nosso ser, o que somos no íntimo de nós mesmos, qual é essa realidade que constitui nosso autêntico "eu".

Mas minha voz interior me diz:

Toda a energia que você sente e percebe em você, toda a energia que você exercita quando caminha, quando trabalha, quando fala, come e se move não é nada mais que a consciência parcial da ENERGIA que você é.

Todo o amor, toda a beleza e felicidade que você sente e vive quando ama os seus entes queridos, quando admira a majestade de uma cordilheira, quando desfruta do pôr-do-sol, do colorido de um jardim, não é outra coisa senão uma consciência parcial do AMOR e da FELICIDADE que você é no fundo de si mesmo, que, por sua vez, é a expressão do AMOR E FELICIDADE ABSOLUTOS, Deus.

Toda ciência e conhecimento que você possui sobre as coisas, sobre tudo o que você vê e percebe, sobre o que você lê, sobre o que chega aos seus sentidos, tudo tem sua origem na INTELIGÊNCIA que você é. Tudo se encontra aí, em você, anterior à percepção e à sensação. Os objetos e as coisas externas estimulam os sentidos, que são como as portas que, ao se abrir, fazem com que a Inteligência se torne presente em cada coisa, em cada objeto que os sentidos nos apresentam.

A energia, o amor, a felicidade e o conhecimento não vêm de fora para dentro, mas, antes, de dentro para fora.

Acostumados a viver no nível dos sentidos, somos levados a acreditar que tudo está fora e vem de fora. Quando olharmos para dentro, veremos que tudo está ali, como se estivesse diante de nós.

5 O ser humano está destinado, por sua natureza, a conhecer a verdade. Testemunhamos, porém, a cada dia, os inúmeros erros que confundem a Humanidade. Alguns desses erros são de tal modo cruéis que nos levam a duvidar dessa vocação do homem para a verdade.

Mas minha voz interior me diz:

Conhecer a verdade não significa pegar ou adquirir algo que está fora de você, mas descobrir algo que é interior a você.

As verdades parciais que você tem em sua vida diária acerca das coisas, pessoas ou acontecimentos não passam de aspectos parciais da Verdade.

Há apenas uma Verdade. E você só conhece a verdade de alguma coisa parcial à medida que se aproxima da Verdade Única e se abre a ela. E você só pode se aproximar da Verdade e se abrir a ela dirigindo-se à Sua fonte. E essa fonte está em você, naquilo que você é como Inteligência. Então você não precisa fazer nada: basta estar aberto e receptivo.

Por isso, quando você quer conhecer algo concreto, é impossível conhecê-lo se você estiver tenso; é preciso estar solto, aberto e receptivo. A verdade então se faz presente. Foi assim com os grandes pensadores, descobridores e inventores.

A Verdade está sempre aí, eternamente. Para que ela se faça presente em você, basta que você entre em sintonia com ela. Com o Amor ocorre a mesma coisa. Eles não se encontram fora, em algum lugar exterior. Tanto o amor como a Verdade São. Você pode senti-los quando entra em sintonia com eles. As verdades concretas, assim como os amores concretos, são apenas expressões particulares da Verdade e do Amor.

Os erros se devem à falta de sintonização com A Verdade e à consciência imperfeita que temos acerca dos dados exteriores que lhe dizem respeito. Por isso, A Verdade Absoluta é Una e as verdades relativas, sempre imperfeitas, são muitas.

6 Muitas pessoas têm como objetivo na vida tornar-se importantes e serem assim consideradas enquanto viverem. Desejam também, no entanto, deixar alguma recordação de si mesmas, para que as gerações futuras se recordem de seus nomes. É o que alguns chamam de imortalidade.

Mas minha voz interior me diz:

É esse afã de fama e glória que atormenta e escraviza tantos homens e mulheres.

Despendem-se muitas energias para se criar uma personalidade cativante, para se demonstrar inteligência, simpatia, bondade, generosidade.

Minha voz não se cansa de lhe repetir incessantemente esse mesmo tema, porque o espetáculo da Humanidade chega a ser por demais ridículo e absurdo. Palavras, poses, gestos, cumprimentos, agrados... tudo isso é um jogo de trapaças, exageros estrambóticos e mentiras, para exaltar a imagem que se quer transmitir de si mesmo.

Por ocasião da morte, poder-se-ia colocar o seguinte epitáfio no túmulo da maioria das pessoas: "Aqui jaz um indivíduo que se imaginava muito insignificante e, por isso, passou a vida toda tentando demonstrar que era muito inteligente e importante, sem perceber que era muitíssimo mais que tudo aquilo que tentou demonstrar."

Para que tanto esforço em demonstrar algo se, na realidade, somos muito mais que isso e se o que somos se expressa por si mesmo, sem nenhum esforço?

Enquanto buscarmos segurança em outro lugar e fora daquilo que SOMOS, nunca encontraremos a segurança central, que constitui a segurança autêntica e infalível.

7 Apesar de alguns grandes pensadores nos terem ensinado que a vida existencial é um sonho, acabamos por não acreditar nisso e o consideramos uma idéia original e um belo pensamento.

Mas minha voz interior me diz:

A realidade, o que é autenticamente Real tem de ser algo imutável, fixo, permanente, incapaz de ser afetado pelas circunstâncias ou pelo tempo.

Quanto mais uma coisa for mutável e transitória, tanto menos real será. Atribui-se-lhe certa realidade porque há alguma coisa ocorrendo, alguma coisa que, apesar das mudanças, está presente ali.

Alguém que esteja assistindo a um filme no cinema, enquanto vê o filme sente que aquilo é real. De fato, alguns choram ou se assustam diante de certas cenas. Não é nada real, mas é vivido como se o fosse.

Quem está sonhando vive seu sonho de tal maneira que, se alguém lhe dissesse nesse momento que tudo aquilo é irreal, não o aceitaria. Todos temos experiências do alívio que sentimos ao sair de um pesadelo. Essa experiência em nada se diferencia dessas outras experiências desta vida que chamamos de real nas quais vivemos certos fatos e circunstâncias que, quando recordados, parecem-nos irreais, como um pesadelo de algum sonho.

Esta existência que chamamos de real tem pouca coisa de real. Tudo é tão fugaz, efêmero e transitório que se parece muito com o cinema e com as fantasias de nossos sonhos.

Por detrás de toda experiência irreal está O Real. Tudo aponta para O Real. O sonho desta existência que chamamos de real tem uma finalidade bem concreta: descobrir O Real por detrás do irreal e o Invisível por detrás do visível. Não tenha medo. A REALIDADE supera em prazer, claridade e felicidade todo esse visível que você considera real e que chama de existência humana.

8 Quase todos conhecemos essas pessoas que, de modo insensato, se vangloriam de certas realizações nas quais apenas intervieram e as reivindicam para si, delas se apropriando, como se tivessem sido seus verdadeiros autores e executores.

Mas minha voz interior me diz:

Somente os ignorantes são vaidosos e orgulhosos.

Quando você é ignorante acerca de si mesmo, do que você é, você também desconhece o mundo e seu funcionamento.

Se você percebesse que não há nada na existência que aconteça por acaso, ou que seja produzido por uma única causa, compreenderia claramente que o que você pensa ser o fruto de sua ação pessoal é produzido por inúmeras causas e fios que se entrecruzam na vida sem que você os perceba.

Não estamos sós. A vida é uma constante relação de coisas e pessoas. O verdadeiro conhecedor, o sábio, sabe que ele próprio é apenas os braços e as mãos da VIDA, de Deus, que é, definitivamente, o único que conhece e maneja os fios infinitos de toda existência humana e não-humana.

É um espetáculo triste e ao mesmo tempo grotesco o dessas pessoas que se pavoneiam de suas realizações e conquistas, atribuindo-as a si mesmas, quando, na realidade, foram apenas instrumentos circunstanciais da VIDA.

No entanto, é ainda mais absurdo e injusto o fato de reivindicar para si, como se fosse uma obra exclusivamente sua, aquilo que foi feito pelos outros e que você nem sequer tocou com os dedos.

Por que ocorrem essas atitudes absurdas e vaidosas? Porque vivemos a partir do "ego" individual, raquítico, vaidoso e míope.

Tome conhecimento de que você é A Vida e nada atribuirá ao seu minúsculo "ego" individual, que nada mais é do que um desses infinitos fios com que se tece a Vida Toda.

9 Para a maioria das pessoas, o reconhecimento de alguns defeitos particulares não parece ter um efeito muito doloroso. Mas ser chamado de mentiroso parece ser algo muito doloroso. Pois temos o costume de nos vangloriar de dizer a verdade, de ser amantes da verdade. Quase todo mundo costuma falar como se estivesse proferindo verdades axiomáticas.

Mas minha voz interior me diz:

A verdade costuma ser a grande ausente da vida das pessoas.

Começam por não querer ver a verdade de si mesmas. Vivem sacudidas pelas exigências de seu pequeno e vaidoso ego. E se esforçam por demonstrar aos outros que são a honradez e a veracidade personificadas.

Qualquer tentativa de melhoramento interior do ser humano deve começar pelo amor sincero e profundo, em todas as circunstâncias, à verdade. Isso significa, em primeiro lugar, reconhecer, com toda a clareza, de que modo o ego pessoal, com todas as suas ambições e misérias, costuma ser o verdadeiro guia de quase todas as ações da própria vida.

Para chegar a viver a partir da verdade de si mesmo, é necessário saber quando, como e em que coisas você está vivendo no erro e na falsidade a seu próprio respeito. Quando vivemos acreditando ser o que na realidade não somos, estamos cometendo o pior e mais grave erro da nossa vida.

Quando alguém acredita que é Napoleão Bonaparte, vive erroneamente, enganado. A mesma coisa ocorre quando uma pessoa acredita que é o seu próprio corpo ou tem essa idéia acerca de si própria, de sua imagem ou de sua personalidade e passa a vida toda mantendo-a e defendendo-a. Vive no maior erro de sua vida, porque, desse erro a respeito de si mesma derivam todos os outros erros.

As poses estudadas, as máscaras e os disfarces sociais, as aparências vaidosas, etc. são esforços constantes para manter uma imagem falsa de si.

O grande problema humano consiste em ver a verdade e vivê-la sempre.

10 Lemos e ouvimos muitas vezes que devemos defender a nossa individualidade. Defendemos a sangue e fogo e com extremo zelo a nossa personalidade individual. Foi assim que sempre nos ensinaram.

Mas minha voz interior me diz:

Você não é a sua individualidade. A crença de que somos individualidades separadas é o pecado original, a causa de todos os egoísmos, rivalidades, ambições, inimizades, lutas e ódios.

Cada ser humano é, sem dúvida, diferente de todos os outros no que diz respeito às características e qualidades da personalidade individual. Mas essas características e qualidades não constituem nossa entidade real. São apenas formas acidentais e acessórias mutáveis. As pequenas cristas que formam as ondas do oceano infinito são todas distintas. A sua entidade, porém, é a mesma água, o oceano.

Enquanto você luta para defender com ardor e zelo a sua personalidade individual, tudo o que você está fazendo é defender um fantasma, uma imagem instável e transitória de si mesmo. Quanto mais você se identifica com essa imagem, mais se afasta da sua verdadeira realidade.

A individualidade nos separa uns dos outros. Em troca, a realidade verdadeira nos unifica.

Todas as guerras e confrontos pessoais são provocados pela defesa e manutenção das individualidades. Quando você perceber a frágil futilidade que constitui a sua individualidade, poderá desfrutar da felicidade fecunda e permanente da sua verdadeira realidade e estará em paz consigo mesmo e com os outros.

11 Costuma-se dizer que a vida é uma luta constante e uma competição permanente. Se você não quer que o destruam, terá de pisar mais forte e destruir. Nas escolas e nos colégios estimula-se a competição no sentido de verificar quem é o primeiro. Defende-se, além disso, que esse tipo de estímulo faz com que as crianças e os jovens aprendam e estudem mais.

Mas minha voz interior me diz:

A Vida é, em si mesma, uma manifestação e expressão constante, infinitamente múltipla e espontaneamente variada do Ser, do Amor, da Inteligência. Mas vocês a transformaram numa luta encarniçada pelo poder e pela posse e numa cruel competição.

O grão de trigo nasce, cresce e se torna uma espiga. Não compete com o ereto cipreste, nem com o humilde e insignificante musgo. Cada ser, na natureza, é o que é, sem a necessidade de competir para ser mais do que é. E expressa a Vida do modo mais perfeito possível e adequado à sua natureza.

Vocês, no entanto, passam a vida numa inflamada rivalidade para ver quem tem mais, quem pode mais, quem brilha mais..., esquecendo-se do mais importante: ser, no mais alto grau, o que vocês são no íntimo de vocês mesmos.

Cada indivíduo deveria competir consigo mesmo, a fim de viver, diariamente, com mais intensidade e perfeição, a plenitude a que está destinado por sua natureza.

É o "ego" vaidoso da personalidade que, por ser pouca coisa, quer demonstrar que é superior aos outros em alguma coisa. E as pessoas que vivem dirigidas e governadas por seu diminuto e desprezível "ego" lançam-se na competição contra os outros, rebaixando-os, pisando-os e até mesmo destruindo-os, a fim de superá-los.

Dizem que existe um tipo de competição nobre e leal. É possível. Para que, contudo, competir com os outros, comparando-se a eles, se cada um deve ser ele mesmo e não o que os outros são?

12

Aquele amigo me procurava muito preocupado com as guerras no mundo e com essas pequenas guerras no interior da sociedade, entre as famílias e os indivíduos. Dizia-me que era necessário conseguir a paz mental. Que a única coisa necessária para conseguir a felicidade era a obtenção de uma paz mental...

Mas minha voz interior me diz:

A verdadeira paz, a que nos enche de prazer, a que supera todas as alegrias, gozos e venturas imagináveis é a paz interior. Mas a paz interior não é a paz mental. Ela se encontra além da mente.

A paz mental é apenas um requisito intermediário para conseguirmos a paz interior. A paz mental é unicamente a ausência de pensamentos, ou, pelo menos, de pensamentos desarmônicos. Acostumados a viver atormentados por nossas imaginações e pensamentos, experimentamos uma profunda satisfação quando estes deixam de revolutear, atormentando-nos, pelos becos da consciência. Essa ausência de pensamentos costuma ser chamada de paz mental. Mas essa paz mental, essa aquietação é somente a porta que o levará ao centro de si mesmo, onde residem a felicidade e a paz verdadeiras.

A paz que experimentamos no centro de nós mesmos não pode ser alterada por ninguém nem por nada deste mundo. Sua realidade, que é a Realidade única, é o Reino dos céus. É a paz, a harmonia, a plenitude.

Enquanto vivemos no mundo dos sentidos externos, o mundo da mente e dos pensamentos parece-nos ser o mais interior. Mas não é assim. É justamente quando os pensamentos se aquietam que encontramos o verdadeiro centro interior de nós mesmos. Cada um de nós pode viver e desfrutar desse reino interior superando e transcendendo o mundo dos sentidos e da mente.

13

Vivemos amiúde atormentados por vários e diferentes medos. Há pessoas que vivem dia e noite com um determinado medo, como uma espada sobre a cabeça.

O medo mais comum e profundo é o medo da morte, juntamente com o medo da dor.

Mas minha voz interior me diz:

Você morre a cada dia, pelo menos uma vez. Toda vez que você entra no sono profundo, seu corpo permanece abandonado aos automatismos biológicos, e você, seu Ser real continua sendo o que sempre é, o que sempre tem sido, e está onde sempre esteve: em sua origem, no Ser Absoluto, mantendo seu corpo e sua mente.

O seu sono com sonhos é vida pela metade. É sono pela metade. É a sua mente em atividade sem o controle de sua consciência. São as idéias, os dados da consciência revoluteando e criando dramas, comédias, tragédias, etc.

Quando você desperta, sua consciência dá início ao seu jogo, começa a sua comédia por intermédio de seu corpo e de sua mente.

Quando você está submerso no sono profundo, não existe a consciência do corpo nem dos volúveis e inconsistentes conteúdos mentais que são os pensamentos. Então você é, você está, muito além das sensações de seu corpo e muito além das idéias de sua mente. Seu corpo está então abandonado ao seu automatismo biológico e o estado de consciência é muito próximo e parecido àquele que ocorrerá por ocasião da morte.

Por que você teme deixar o que você não é?

Quando desaparecer o apego ao seu corpo, às suas idéias, aos seus farrapos... desaparecerá o medo da morte.

Enquanto você continuar identificado e apegado ao seu corpo e às suas coisas, que cedo ou tarde acabarão por desaparecer de seu mundo, o medo prosseguirá.

Quando você compreender que somente morre aquilo que nasce e que você não morre porque não nasceu, você se tornará calmo e terá a verdadeira paz. Seu corpo nasceu. Por isso, ele morre. Você é o que você era antes do seu corpo nascer. Mas com a consciência do seu corpo nasceu o seu ego, a idéia sobre você, que também morre com ele. Quando você deixar de pensar a partir do ego mortal, seu medo desaparecerá.

14 Pessoas, seitas e instituições vangloriam-se de possuir a verdade. Algumas pessoas chegam até mesmo à pretensão de que os que não pensam como elas não estão com a verdade. Dizem ou acreditam que a verdade consiste exclusivamente no que elas pensam. Ouvimos dizer: "Esta é a pura verdade", "estou-lhe dizendo a verdade", "esta é a única verdade", etc.

Mas minha voz interior me diz:

A verdade não consiste naquilo que se encontra em sua mente.

A verdade está além das palavras, além das idéias, dos conceitos, dos juízos, das afirmações, das descobertas científicas, das elucubrações filosóficas, psicológicas, teológicas...

A verdade está até mesmo além da consciência.

O que está na mente, os conteúdos da consciência são idéias que lhe vieram de fora. São imagens mentais que você formou a partir do que lhe disseram ou do que seus sentidos perceberam. Tudo isso é transitório. A Verdade, que é A Realidade, é imutável, sempre idêntica a si mesma.

As coisas que vemos são formas transitórias que procuram apontar para a Realidade. Mas não são a Realidade. E se não são a Realidade não podem ser A Verdade. A verdade é que as coisas não são A Verdade.

A verdade é que as idéias que temos acerca das coisas não são A Verdade, ainda que apontem para ela. Portanto, a idéia expressa através das palavras que você diz tampouco é A Verdade.

A Verdade É. As palavras e idéias com que se expressa não são A Verdade.

Cristo disse que Ele era A Verdade.

Sua realidade crística, sua realidade interior também é a verdade. Por isso, Ele disse que estava em cada um de nós. Essa é a sua realidade. É A Realidade UNA, A Verdade.

15 Muitas pessoas confundem amiúde o desenvolvimento dos poderes mentais com o crescimento espiritual.

Mas minha voz interior me diz:

A mente não é o espírito. Portanto, nenhum desenvolvimento mental é, em si mesmo, desenvolvimento do espírito, e nem mesmo um sinal ou uma manifestação dele.

Para alguns, tudo aquilo que não é a matéria física é espírito. Mas não é assim.

Falando rigorosamente, temos que dizer que tudo é Espírito. E tudo o que é físico e visível é apenas expressão do espírito invisível.

É comum ouvir dizer que é necessário alimentar o espírito com leituras, conhecimentos e cultura. Isso, em suma, enche a mente de idéias e conteúdos mentais. Mas o espírito não pode ser preenchido com nada, porque já está cheio. É pura plenitude. O espírito precisa ser vivido. Há crescimento espiritual quando olhamos, pensamos, agimos e vivemos a partir do espírito. E viver a partir do espírito significa sentir-nos impulsionados, a todo o momento, pela energia amorosa e consciente que há no fundo de nós mesmos, e não pelo "ego" da nossa personalidade individual.

Enquanto os homens continuarem a se orientar pelos ditames de seu "ego" individual, quanto mais desenvolvimento mental conseguirem, maiores conflitos serão provocados. A mente é ou deve ser um instrumento da pessoa a serviço do espírito. Se ela está a serviço das tendências individuais egoístas, não se trata de desenvolvimento espiritual; pior ainda, trata-se do mais ferrenho inimigo de qualquer desenvolvimento espiritual.

Quando aquilo que é inferior se subordina ao que é superior, haverá desenvolvimento e um crescimento frutífero e fecundo da pessoa.

16

Muitas pessoas buscam, aqui e ali, mestres, organizações, cursos, escolas, seitas, igrejas... não se sabe exatamente por que motivo, embora pareça ser pelo fato de tentarem melhorar suas vidas, encontrar a verdade...

Mas minha voz interior me diz:

O melhor mestre e o melhor ensinamento está dentro de você. Os mestres, as conferências, os cursos podem ser úteis para ajudá-lo a ver, a iniciar-se no caminho. Mas não se esqueça de que alguém pode fazer uma comida para você, mas ninguém pode comê-la por você. Alguém pode-lhe dar um jarro com água, mas é você quem deverá bebê-la para saciar a sede.

Quando você alcança um nível de consciência superior, percebe que essa consciência superior é o seu melhor mestre.

Se você está com os olhos abertos e a consciência desperta, verá que o mundo inteiro e todos os acontecimentos da vida podem e devem ser seus mestres, a todo o momento. Quando você está atento a tudo que lhe acontece, tanto interior como exteriormente, tudo se transforma em permanente ensinamento de vida. O que você precisa aprender será recebido a cada passo, caso você se mantenha, permanentemente, com uma abertura plena de espírito.

Muitas pessoas permanecem paralisadas e aprisionadas pelas regras, métodos, disciplinas e ensinamentos do caminho, acreditando que o caminho, os métodos e as técnicas são a meta e o destino. Uma pessoa faminta pode passar dias e meses preparando uma saborosa comida. Mas se ela se contenta em prepará-la e não a come, acabará morrendo de inanição.

Todos os mestres exteriores, quando são autênticos, só podem ser a manifestação espontânea e clara do verdadeiro mestre interior da consciência superior.

17 Nossa época se caracteriza pela abundância de palavras e por uma permanente luta de idéias. Fala-se, defendem-se ardorosamente ideologias, procura-se impor modos de pensar e de viver... Parece que todos têm idéias geniais para resolver os problemas da Humanidade... As pessoas se diluem em idéias e palavras...

Mas minha voz interior me diz:

As idéias e palavras, que, teoricamente, são meios para nos comunicarmos, costumam transformar-se em freios e obstáculos ao Ser, amar e viver.

Se você quer verdadeiramente Ser, deve prescindir da idéia de Ser. Seja, simplesmente.

Se você quer amar de verdade, prescinda de toda idéia de amor. Ame sem pensamentos. Ame sem a idéia de amar, sem buscar razões ou motivos. Ame sentindo-se Um com a pessoa amada. Sem esperar, sem buscar, sem a idéia de cumprir algum mandamento, sem a idéia de sentir-se melhor, sem nenhuma idéia sobre o amor.

Mas tudo isso só é possível quando você sente que é e tem a consciência clara de quem é aquele que É, que ama, que vive.

Não se esqueça de que tudo aquilo que você pensa que é não é você. O que você pensa são pensamentos. E você não é nenhum pensamento. O que você é não pode ser expresso com pensamentos, com idéias. Você apenas pode SÊ-LO. E talvez senti-lo. Mas você também não é esse sentimento.

O amor, quando se expressa em palavras, tende a desnaturalizar-se. O amor é algo que se sente e se vive. Mas não é algo de que se fala, ou no qual se pensa.

Todas as palavras e frases belas que são ditas a respeito do amor não são amor. Com palavras, podemos falar a respeito do que o amor não é, dos equívocos do amor, mas não sobre ele próprio. O que dizemos ser o amor não é o amor. É apenas sentimento de unidade.

18 Observamos diariamente o modo como as pessoas se esforçam para adquirir ou manter um certo prestígio. Trabalham e sofrem a cada instante para obtê-lo.

Mas minha voz interior me diz:

Vocês defendem o seu prestígio porque estão identificados com ele. Acreditam ser ele.

Quando uma pessoa desperta e vê o que ela é realmente em sua natureza profunda, ela ri do prestígio e de todos os esforços que fez em sua vida para consegui-lo ou mantê-lo.

São inúmeras as pessoas que são escravas da imagem que têm ou desejam ter de si mesmas, bem como da imagem que desejam que os outros tenham delas.

Mais grave do que querer ter uma imagem mais ou menos prestigiosa de si mesmo é o querer identificar-se com ela, acreditar que se é essa imagem.

Quando a preocupação de ter uma boa imagem de si mesmo é fixa e constante, isso chega a constituir-se em eixo e centro da própria pessoa. Nasce daí a idéia de que se é essa imagem. E esse é o grande erro na vida de uma pessoa: abandona sua própria identidade real para se identificar com uma idéia, com uma imagem. A partir daí, todos os esforços se concentram em alimentá-la e defendê-la. Deprecia-se o valor da jóia verdadeira e volta-se o interesse para a defesa das falsificações e dos ouropéis da imitação.

As pessoas procuram criar e manter uma imagem de si mesmas colorida e falsificada, sem perceber que, no fundo, são muito mais do que tentam aparentar e mostrar aos outros. Seria simples ser aquilo que se é, e se evitaria, desse modo, todo o sofrimento e esforço para aparentar ser aquilo que não se é.

19 "Se você for mau, irá para o inferno", diziam-nos na infância. E à medida que crescíamos, diziam-nos: "Se você for bonzinho, ganhará um doce", "Se você for obediente, ganhará uma bicicleta"...

Mas minha voz interior me diz:

Não se importe com os céus e os infernos. Não se importe com os prêmios e os castigos. A vida se encarrega de premiar aqueles que a vivem de modo consciente e amoroso.

Ser bom por causa de um prêmio não é bondade. Obedecer às leis e aos preceitos humanos por medo do castigo não é ser obediente. Não é nem mesmo um verdadeiro ato humano.

Os que são "bons" por causa do prêmio ou por medo do castigo e ensinam isso aos outros vivem na ignorância e são órfãos de amor. E não há pior castigo do que viver sem amor.

Se você ignora o que você é, você já abriu a porta do pior de todos os infernos, que é o não viver o amor que você é.

Durante séculos, milhões de crianças e adultos foram incentivados ou atemorizados por céus e infernos futuros e ininteligíveis. E isso não parece ter trazido nenhuma melhora à humanidade.

Há um céu e um inferno imediatos. Aquele que desperta para sua verdadeira natureza, para seu ser interior, e vive segundo essa natureza, já desfruta do melhor de todos os céus, pois vive a plenitude do amor. Aquele que, ao contrário, não abriu a sua consciência ao reino dos céus que está em seu interior já vive encerrado na fria solidão do desamor.

Se você vive do Absoluto que mora em você, que é você, então você já tem o melhor de todos os céus. Se vive distante do seu ser verdadeiro, cada dia será um pequeno inferno.

20 A existência de algumas pessoas parece uma noite ininterrupta. Os problemas se sucedem uns aos outros. É como se tivessem nascido para viver na obscuridade do sofrimento.

Mas minha voz interior me diz:

Aprenda da natureza: há regiões onde os climas frios e as tormentas se sucedem. Contemple o mar borrascoso numa noite de inverno. As asas frias do vento cavalgam na obscuridade da noite. Vislumbram-se, no horizonte, as luzes movediças dos frágeis barcos pesqueiros labutando nessa noite cruel. É como se as ondas encrespadas fossem devorar esses minúsculos barcos de pesca. Mas não. Os pescadores, afeitos, sabem que a calma se sucederá a essas ondas encrespadas. A noite passa e chega o dia, com o sol radiante.

A vida tem dessas noites. Sem dúvida. Mas depois da tormenta vem a calma. E além das nuvens carregadas está o sol radiante.

Nem a tormenta nem a escuridão são más. Como é que você poderia apreciar, sem elas, o sol radiante e a calma de um entardecer de primavera?

Quando lhe vêm esses momentos de decaimento e tristeza aceite-os como companheiros de viagem que lhe estão ensinando que todas as coisas, acontecimentos e situações possuem seu próprio e adequado lugar na existência. Tudo é como deve ser. Não tente afastar de seu céu as nuvens que, momentaneamente, lhe ocultam o sol. A vida é um jogo de sol e sombras. Também as nuvens, o frio, as noites e as tormentas têm seu lugar neste jogo eterno da Vida.

Para a pessoa desperta, tudo contribui para o seu aprendizado, tudo é um motivo para aprender a viver mais a partir do fundo dela mesma. Tudo se mostra útil e adequado para crescer em consciência.

21

Os estados das pessoas variam muito de um momento para outro. Mudam facilmente e às vezes a mudança é tão rápida que chegam a cair em estados patológicos, doentios. Trata-se de um problema surpreendente e aparentemente inexplicável.

Mas minha voz interior me diz:

Tudo tem sua razão de ser e sua explicação. Quer seja conhecido ou não. Quer se entenda ou não.

Geralmente as pessoas são conduzidas, dirigidas e levadas por suas idéias e pensamentos. Quando certas idéias agradáveis e alegres revoluteiam em sua mente, seu estado anímico é alegre. Mas no momento em que a mente é invadida por alguma idéia obscura, desagradável ou triste, o ânimo é substituído pela tristeza. Essas pessoas não têm estabilidade anímica porque estão sempre à mercê das idéias que predominam em sua mente. Se essas pessoas vivessem, não na dependência das diferentes idéias, mas conscientes de sua realidade de plenitude, não estariam à mercê desses estados de ânimo mutáveis que tanto as atormenta.

Em princípio, a solução é simples: viver de acordo com o que são em sua realidade verdadeira, que é prazerosa, e não como vítimas do que pensam num determinado momento.

À medida que for crescendo a consciência de si mesmas, irá desaparecendo o mal-estar provocado pelas repentinas oscilações de ânimo e terão uma maior eqüanimidade.

As idéias são sempre instáveis, sejam agradáveis ou desagradáveis. Em compensação, a realidade do que somos no fundo de nós mesmos é imutável.

Viver a partir das idéias, na dependência delas, é viver à mercê das flutuações mentais. Viver, ao contrário, a partir de onde se deve viver, isto é, a partir da natureza profunda, é ter paz permanente.

22 Na vida diária, encontramo-nos com muitas pessoas ansiosas, tensas, inquietas, atormentadas, sem paz. Por outro lado, não são muitas as pessoas que deixam transparecer e transluzir paz em seus rostos e em sua vida, inspirando-a. Algumas têm uma certa serenidade exterior, uma aparente tranqüilidade.

Mas minha voz interior me diz:

A paz só pode ser transmitida exteriormente por aqueles que a possuem interiormente. E só é vivida interiormente por aqueles que estão em harmonia consigo mesmos. E têm harmonia interior aqueles que, na vida prática e concreta do dia-a-dia, estão conscientes de seu ser interior, de sua natureza essencial. Então, e somente então, desaparecem os desejos ansiosos e as ambições invejosas de possessão, porque sabem e sentem que possuem de tudo quanto podem desejar de bom. Desaparecem então os medos, porque se percebe que AQUILO QUE SE É não pode ser perdido nem tirado por ninguém. Desaparecem então os estados de mau humor e enfado, porque se percebe que não vale a pena enfadar-se por nada, pois os motivos dos enfados são vistos tais como são, a saber, insignificantes, sem fundamento, insubstanciais.

Quando se adquire uma consciência clara de si e se constata que quase nada, para não dizer nada, do que perturba a paz é importante, então as inquietações e intranqüilidades cessam por si mesmas. Quando o mal-estar e a inquietação não desaparecem, é porque a consciência de si é débil e imperfeita. Trata-se de um termômetro que não falha. Quanto maior for a consciência de si, maior será a paz e menores as inquietações e ansiedades. Quanto menor for a consciência de si, maiores serão as tensões ansiosas e as oscilações de ânimo.

Para que buscar explicações complicadas se a verdadeira explicação é simples?

23 Chama a atenção o modo bastante variado como os mesmos acontecimentos humanos são encarados e suportados por classes distintas de pessoas. É como se existisse uma diferença significativa entre umas pessoas e as outras. Como se o valor das coisas variasse muito de uma pessoa para outra.

Mas minha voz interior me diz:

Todos os seres humanos são, em sua natureza essencial, idênticos. Mas os níveis de desenvolvimento da consciência com que vivem e enfrentam os acontecimentos são muito variados.

Há os que estão completamente adormecidos: os que acreditam apenas na existência deste mundo dos sentidos no qual nos movimentamos. Para eles, a única coisa real e valiosa é aquela, e somente aquela, que percebem através dos sentidos externos. A felicidade, por conseguinte, consiste no conjunto das satisfações dos sentidos, e o objetivo de sua existência também consiste em satisfazer, da melhor forma possível, os apetites dos instintos sensíveis e materiais. Para essas pessoas, o mundo espiritual é, no máximo, um belo e longínquo ideal utópico e inatingível.

Por outro lado, há aqueles que estão despertando. São os que, em algum momento, tiveram vislumbres de que este mundo material e sensível é um sonho e de que o mundo interior é o que é verdadeiramente real. Vivem como se este mundo fosse o real. Sabem, porém, que o mundo interior é mais fecundo e real. São, não obstante, agitados pelas preocupações do mundo sensível.

Há, enfim, uma pequena minoria desperta. Os que dela fazem parte sabem que este mundo é um sonho e uma ilusão e que o mundo interior é o que é verdadeiramente real. Eles não estão submetidos às inquietações que atormentam a maioria das pessoas. Para eles, uma só coisa é necessária: viver o autenticamente real de si mesmos em sua natureza profunda. Encontram ali o que são: a energia, a Inteligência e o amor, ou a felicidade.

24 Trata-se de algo evidente e triste para todos o fato de que um terço da Humanidade vive mal-alimentada e muitos morrem por falta de alimentação. Dão-se explicações e fala-se da falta de recursos alimentícios, da superpopulação em algumas partes do planeta, das secas, da ociosidade e do desemprego... A pobreza e a miséria constituem uma calamidade da qual sofre a Humanidade.

Mas minha voz interior me diz:

A pobreza no mundo não é um problema de recursos. Trata-se de um problema de desenvolvimento insuficiente da consciência na maior parte da Humanidade. Cada país, cada comunidade social funciona, de um modo geral, segundo a qualidade de seus governantes, de seus dirigentes e políticos. E estes costumam ser a expressão inequívoca do que são os povos que os elegem e os sustentam. É fácil observar, por outro lado, que os políticos estão imbuídos de uma ânsia de poder ambiciosa e desmedida. Há sempre entre eles uma inflamada luta pelo poder. Teoricamente, e assim o expressam às vezes, o poder se destina ao serviço do povo. Na prática, porém, em vez de servir ao povo, eles se servem do povo para alcançar altos postos e firmar-se no poder, obtendo vantagens econômicas pessoais. As lutas travadas entre os diferentes partidos e facções políticas regem-se, normalmente, pela lei da selva: o mais poderoso ou mais hábil vence e devora o mais fraco ou menos hábil. E, numa sociedade em que predomina a lei da selva, não existe, nem pode existir, um único nível humano de justiça eqüitativa. Por conseguinte, a existência do amor é impossível.

A solução dos problemas mundiais depende unicamente da mudança do nível de consciência, tanto nos que regem as estruturas sociais como nos governados. É um problema de transformação pessoal. O mundo será o que for cada um de seus integrantes.

25 Neste mundo dominado pelo egoísmo, felizmente existem pessoas que pretendem unir-se a Deus, dedicar-se aos outros. Parece que essas pessoas querem resolver seus problemas e os do mundo com suas boas intenções.

Mas minha voz interior me diz:

Antes de dedicar-se a Deus e aos outros, você precisa saber quem é que se dedica, quem é que deseja dedicar-se e o que é que se pretende dedicar.

Se você não sabe quem você é, como será possível dedicar-se se você não sabe o que está dedicando?

Não vá dizer que você quer dedicar seu corpo, suas coisas, seu trabalho, etc., porque nada disso é você.

Quando você souber e compreender o que você é, verificará que não terá de dedicar nada a ninguém. Quando você viver em seu centro, sentirá Deus e os outros em você mesmo. Você será como o centro da esfera que, aos poucos, se expande até transformar-se na esfera completa e total.

O fato de você querer dedicar-se a Deus e aos outros é um sinal inequívoco de que Deus e os outros estão distantes de você, não estão dentro de você. E enquanto não houver Unidade entre você, Deus e os outros, não haverá amor verdadeiro. E, sem amor, o que é que você pode dedicar?

Quando perceber que, na esfera infinita do Universo, você não é um ponto isolado, mas, sim, que cada um de nós é o centro dessa esfera, você sentirá que está em todos e todos estão em você. A Bíblia diz exatamente isso. Atente para esse fato.

Tudo o que for dito sobre solidariedade, amor, dedicação aos outros, etc., serão apenas palavras bonitas e intenções boas, enquanto não vivermos e sentirmos a partir de nosso próprio centro, o único lugar em que vivemos a Unidade. Quando você viver a partir de seu centro, não necessitará dedicar-se a ninguém, porque sentirá a presença de todos em você.

26 Escreveram-se muitos livros, falou-se e fala-se muito, em convenções, conferências e conversas particulares, com o objetivo de mudar e melhorar a conduta das pessoas, de mudar os maus hábitos, de melhorar o comportamento em geral...

Mas minha voz interior me diz:

É bom mudar de um comportamento mau para outro melhor, mas é muito melhor mudar o sujeito do qual provém e se origina o comportamento.

Quando você muda de um modo de ser para outro, é como se mudasse de roupa para representar um personagem diferente na comédia da sociedade humana.

Enquanto for o seu ego, o seu eu falso, a idéia que você faz de si mesmo que dirige a sua vida, e não você mesmo, o seu "eu" verdadeiro, então, por mais mudanças aparentes que você faça em seu comportamento, será apenas uma mudança de personagem de seu ego. Não será, porém, uma mudança no sentido de viver, não a partir de seu ego, mas a partir de você mesmo. E essa é a única mudança verdadeira.

Que se pode fazer para conseguir uma autêntica mudança? Em primeiro lugar, perceber que não é você que age, mas sim o seu ego. Em seguida, você deve intuir o que significa ser você mesmo, além de suas idéias e sentimentos, além do que sentem ou pensam os outros. Em terceiro lugar, você deverá sentir, por si mesmo, o que significa estar livre do engano a seu respeito e sentir, em troca, o prazer de ser você mesmo. E, por último, sentir, através da própria vivência experimental, a cada instante de sua vida, o que significa viver a partir de você mesmo, em vez de viver a partir de um personagem que você tenta, a todo momento, representar.

27 É surpreendente comprovar que são inúmeras
que repetem constantemente estereótipos men
verbais. Todavia, é mais surpreendente ainda constata
que muitas delas são pessoas de um certo nível social e cultural. Aparentemente, são pessoas que gozam de um grande prestígio.

Mas minha voz interior me diz:

Ser um adulto amadurecido consiste em ver e pensar por si mesmo e não pelo que dizem ou pensam os outros.

É muito comum verificar que pessoas que, por sua educação, deveriam ter um modo próprio de pensar, repetem idéias, pensamentos, frases alheias, com uma evidente incapacidade de ver e pensar por si mesmas.

Há as que se protegem por detrás da autoridade filosófica, religiosa ou científica de outras para pensarem de uma determinada maneira, e se sentem seguras enquanto o seu pensamento não se afasta dessa determinada ideologia, pois, no fundo, não acreditam em sua própria capacidade de pensar e de poder observar e compreender a verdade.

Os dogmatismos, de qualquer tipo ou espécie, foram sempre o método mais eficaz e sutil de submeter as pessoas a um determinado modo de pensar. E a renúncia a pensar por nós mesmos, contrariamente ao que se costuma acreditar, não é nenhum obséquio a ninguém, nem mesmo ao Criador, que nos deu a capacidade de ver e compreender por nós mesmos.

A mente é, sem dúvida, limitada. Mas isso não ocorre com a Inteligência interior que somos no fundo de nós mesmos. Essa Inteligência é a própria Luz da Verdade. A Verdade necessária à existência de cada indivíduo é acessível a todos e não apenas a uns poucos. Muitas pessoas, sem cultura alguma, mas com um sincero e profundo desejo de Verdade, alcançam-na muito mais facilmente que as pessoas doutas e cultas. Você é luz e a Verdade está em você. Investigue-a.

...nco que caminha em cima de uma corda a ...ros de altura acima do solo mantém-se sobre ...uanto seu corpo permanece equilibrado, centra- ...entro de gravidade está onde deve estar, seu passo ... tem vacilações, caminha corretamente...

...inha voz interior me diz:

...s pessoas sofrem vacilações e quedas graves porque não estão e...uilibradas, porque não estão centradas.

Estar centrado, ou viver centrado, significa viver a partir de seu próprio centro. É fácil saber ou compreender qual é o centro de gravidade de um corpo físico. Mas são muito poucos os que sabem qual é o seu centro enquanto pessoas, porque são muito poucos os que se conhecem em sua verdadeira realidade. O centro da pessoa não é a mente, nem o coração ou a afetividade. Seu centro é aquilo que faz com que você seja você. É esse ponto consciente por meio do qual você é testemunha de tudo que ocorre em você ou fora de você.

Seu centro é esse algo permanente que nunca muda e que, ao contrário, observa tudo o que muda, permanecendo, ele próprio, imutável.

Seu centro é a sua própria identidade. Não são suas idéias, nem seus sentimentos, nem seus apetites, nem seus gostos e preferências. Tudo isso pertence à sua periferia.

Seu centro é a fonte inesgotável de onde jorra tudo que você faz, pensa, quer, deseja, sente... Mas o seu centro não é nem suas ações, nem seus pensamentos, nem suas voluntariedades, nem seus desejos, nem seus sentimentos...

Viver centrado é viver a partir do que você é como realidade central de si mesmo. Não como manifestações ou expressões. Essas têm sua origem e causa última em seu centro, mas não são o seu centro.

Viver centrado é viver de modo sábio, reto e feliz.

29 É comum muitas pessoas se vangloriarem de sua beleza física, de suas qualidades mais ou menos superficiais, de seu *status* social... e, embora pareça surpreendente, há também aquelas que se atribuem estados virtuosos e se sentem até mesmo orgulhosas de certos estados elevados de consciência nos quais têm a pretensão de encontrar-se, ou de um certo estado de iluminação...

Mas minha voz interior me diz:

Aquele que desperta para a sua própria realidade ou está no caminho de sua realização sente o prazer de estar desperto e há brilho em seus olhos e alegria em seu coração. Mas jamais se vangloriará de sua iluminação, nem terá a pretensão de ser um exemplo para os outros.

Toda pessoa desperta e iluminada sabe que cada um despertará a seu tempo. E sabe também que o despertar não é um mérito que deva ser atribuído à sua orgulhosa personalidade.

São os adormecidos que sentem orgulho; também são eles que têm pressa em adiantar-se em seu progresso ou iluminação.

O orgulho e a pressa pertencem ao ego. Nunca ao "eu" verdadeiro. O ego compara e despreza todos aqueles a quem considera inferiores. O "eu" verdadeiro sabe que o que ele é o são também os outros. As diferenças estão nas formas. São acidentais. As posses e até mesmo o corpo físico, com suas qualidades e habilidades, constituem aquilo que, nas pessoas, é periférico e superficial. Tudo isso é ocasional e é fruto das eventualidades, quase sempre involuntárias, da vida.

Quanto melhor uma pessoa distinguir o essencial do acidental, menos orgulho terá e mais compreensiva será para com seus próprios defeitos e deficiências, bem como para com os dos outros.

30 Algumas pessoas acreditam que sua alma ou espírito está dentro de seu corpo. Tudo se passa como se houvesse um canto, um lugar no corpo onde a alma ficaria alojada. Até mesmo filósofos da antigüidade debateram esse tema de modo parecido.

Mas minha voz interior me diz:

Seu "eu" verdadeiro, sua consciência não está em seu corpo. É o seu corpo que se encontra em sua consciência.

Seu "eu", seu ser real, sua consciência é o que sustenta tudo quanto você acredita ser ou ter. Seu corpo não tem sentido sem a base ou sustentação de sua consciência.

Tudo quanto você percebe, sente, conhece... encontra-se na sua consciência. Você, que é consciência, sustenta tudo quanto acredita ser, assim como tudo aquilo que você acredita existir fora de você, como o Universo inteiro...

Em sua consciência existe um ponto que você chama de "eu" e um outro que você chama de "você", bem como outros pontos que você chama de mundo...

Dentro de minha consciência há um ponto que chamo de meu corpo. Assim como há ainda, dentro do próprio corpo, pontos em minha consciência que chamo de mãos, pés, estômago, etc. Mas tudo isso se encontra em minha consciência. É a minha consciência que sustenta tudo isso.

Fomos educados como se o corpo fosse o que sustenta o nosso ser, porque fomos educados de modo a nos identificar com o nosso corpo, como se fôssemos o corpo. E essa é a origem de tantos equívocos, não só quanto à concepção acerca de nós mesmos, mas também quanto à prática da nossa vida cotidiana. Enquanto estivermos identificados com o nosso corpo, viveremos mergulhados naquele que talvez seja o maior equívoco da nossa existência.

31 Cada pessoa tem uma idéia e um juízo acerca de si mesma. Mas a idéia que muitos têm de si mesmos foi formada, em grande parte, pela idéia ou conceito que os outros têm acerca deles.

Se são louvados, aplaudidos e elogiados, formam uma idéia elevada acerca de si mesmos. Se, ao contrário, são menosprezados, esquecidos e criticados, são levados a pensar que valem muito pouco. Em outras palavras, seu valor, sua importância está na dependência do juízo mutável e volúvel dos outros. O apreço que têm por si mesmos oscila e existe em função do apreço que os outros têm por eles.

Mas minha voz interior me diz:

Se você fosse consciente do que você é em si mesmo e por si mesmo, veria os juízos dos outros como realmente são: meras e parciais apreciações pessoais.

Você não é nem o que os outros pensam e nem mesmo o que você pensa ser.

Quando você se sente mal porque os outros acham que você está mal, isso é um indício de que você não está vivendo por si mesmo, mas, antes, pelo juízo dos outros. Isso significa viver alienado, estranho a si mesmo.

Você pode ver-se e sentir-se por si mesmo. Não se veja nem se sinta tal como os outros o vêem e o sentem.

Como é possível você querer ser em tantas coisas o primeiro e superior aos outros se, no que diz respeito ao conhecimento de si mesmo, você segue a reboque de todos?

Tenha em mente que, no fundo de si mesmo, você é muito mais do que acredita ser, bem como mais do que os outros acreditam que você seja. Quando você se identificar com sua verdadeira realidade, você mesmo sentirá isso e se sentirá feliz, sem disso se orgulhar e sem se comparar a ninguém. Porque você saberá que os outros também são como você.

32 Existe o equívoco, muito difundido entre as pessoas, de que o caminho da espiritualidade e da vida interior é um caminho de constante sacrifício e de renúncia a todas as legítimas satisfações humanas.

Mas minha voz interior me diz:

Tudo o que há no mundo de belo, de agradável, de prazeroso e de alegre está aí para ser desfrutado.

Aquele que caminha na direção da vida do espírito sabe que, em última instância, o sujeito verdadeiro e último de todas as suas percepções é o seu ser interior, sua consciência, seu espírito. Sabe também que os prazeres, mesmo os mais materiais, são, em si mesmos, como tudo o que existe, bons. Transformam-se em maus ou prejudiciais quando são procurados com desejo e apego obsessivos, como se fossem o objetivo principal da existência humana.

Aquele que sabe saborear os prazeres sensíveis e considerálos tais como são, impermanentes, transitórios e acidentais, não tem nenhum problema, porque os usa e deles desfruta em seu sentido correto.

Para todos aqueles cujo objetivo e fim primordial na vida consiste em "passar bem", os prazeres sensíveis costumam constituir-se numa fonte de desgostos e frustrações.

Para seguir a vida espiritual ou de realização interior não é necessário renunciar a nada. Porque para a pessoa desenvolvida tudo é ou deve ser caminho e meio de realização. É necessário assumir tudo.

Não são as coisas que constituem um perigo ou obstáculo à realização, mas, antes, o apego a elas. O que nos prende não são as coisas, mas a dependência delas.

33 Ouvimos com freqüência: Essa reunião é muito importante para mim. Ou, então: Tal assunto é transcendental na minha vida. E, ao contrário: Fazer este ou aquele trabalho é perda de tempo. Ou, ainda: O dia de hoje foi inútil...

Mas minha voz interior me diz:

Seria muito útil que você avaliasse e visse quais as coisas que têm maior ou menor importância para você, ordenando-as hierarquicamente. Poderia ter então a medida ou o grau de desenvolvimento em que você se encontra.

Para a maioria das pessoas, são importantes aquelas coisas que são produtivas economicamente, de modo direto ou indireto. Ou aquelas que lhes dão um certo prestígio. Ou as que são causa de determinados prazeres sensíveis...

Aquilo que há em sua mente e em seu coração marca a sua vida. Se você ama o luxo, a vaidade do ego, as comodidades e o bem-estar físico muito mais do que a sua própria realização pessoal e tudo aquilo que a ela se refere, seu nível será proporcional e conforme às suas avaliações das coisas e de suas atividades.

Se você quer saber com clareza o que é que você mais ama em sua vida, observe quais as coisas que, no dia-a-dia, são mais importantes para você e quais as que lhe tiram o sono.

Para a pessoa desperta e desenvolvida tudo é importante, porque tudo pode ser um meio de realização. Mas tudo é importante como meio, e não como um fim em si mesmo.

Toda atividade tem sua origem na energia inteligente e amorosa que cada pessoa é. Mas nem sempre agimos com o amor consciente, de modo que aquilo que poderia ser uma ação realizadora torna-se estéril e inútil. E, ao contrário, qualquer atividade humana, por mais trivial que pareça, é sagrada quando a executamos a partir do fundo de nós mesmos.

34 Era um grupo de amigos. E falavam sobre um amigo comum ausente. E um deles dizia: "Ele é um infeliz. Tem dinheiro, saúde, carros, casa de veraneio, êxito em seu trabalho... e vive sempre amargurado, sem alegria. Se eu tivesse o que ele tem, seria o homem mais feliz do mundo..."

Mas minha voz interior me diz:

Embora quase todos desejem ter muitas coisas, achando que com isso serão felizes, asseguro-lhe que ninguém é feliz por aquilo que possui.

Não há dúvida de que algumas coisas nos proporcionam um certo bem-estar material e físico. O dinheiro, sem dúvida, proporciona alguns prazeres e satisfações sensuais. Mas essas satisfações e prazeres, quando ocorrem, porque nem sempre se manifestam pela simples posse das coisas, são tão instáveis e frágeis quanto as próprias coisas.

Algumas pessoas, a fim de justificar seu desejo e ambição pelo dinheiro e pela riqueza, afirmam que o dinheiro não traz a felicidade mas ajuda a obtê-la. Mas isso é um verdadeiro engano. Nada do que você possui ou pode possuir o levará a algum ápice ou mesmo a um pequeno grau de felicidade. Tudo o que você pode ter ou adquirir lhe proporcionará, no máximo, momentos de satisfação sensível. Mas a felicidade não consiste na soma de várias satisfações sensíveis, por mais numerosas que possam ser.

A felicidade é um estado de Ser. Permanente, imutável. O estado de felicidade somente se apóia na consciência da Realidade que você já é.

Para ser feliz, você não precisa adquirir nada. Você já é a felicidade. Mas você desfrutará da felicidade no momento em que a experimentar, quando você conhecer, sentir e viver a Realidade que você é no centro de si mesmo.

Isso não será fácil de compreender por aqueles que se movimentam unicamente no plano do sensível e do palpável. Mas aqueles que sentem uma necessidade interior de "algo mais" poderão, pelo menos, intuí-lo e até mesmo vê-lo e experimentá-lo por si mesmos.

35 Costuma-se dizer, nos ambientes religiosos, que devemos ver o Cristo em cada um dos homens.

Mas minha voz interior me diz:

Se Cristo está em todos, está também em você. Por que você não olha para ele e o vê em você? Porque se você o visse e o vivesse em você, já não teria necessidade de mais nada.

O Cristo não veio viver entre os homens para ser adorado. Em nenhum momento de sua vida nos disse que o adorássemos. Disse, sim, repetidas vezes, que o imitássemos, que fôssemos como Ele era. E disse claramente que tudo o que Ele fazia nós também poderíamos fazer.

As igrejas, porém, voltam-se demasiadamente para o ritualismo da adoração e o culto, esquecendo-se facilmente da presença viva do Cristo em cada pessoa, seja quem for e o que quer que ela seja. Levados, desse modo, a um moralismo proselitista e puritano, anatematizamos e condenamos facilmente todos aqueles que não são ou não pensam de um determinado modo, esquecendo-nos de que o Cristo vive de igual maneira em tais pessoas, independentemente e acima de suas idéias e mesmo de suas ações.

Minha voz também me diz que não é necessário ver o Cristo nas outras pessoas para respeitá-las, ajudá-las e amá-las. Se você perceber que O SER (Deus) está em você, tal como estava no Cristo, o ato de amar e ajudar surgirá espontaneamente, por ser a atitude lógica e própria de sua natureza. Por que buscar razões externas para fazer o bem e para amar quando é tão simples ver isso se olharmos para dentro de nós mesmos?

Temos o costume de buscar fora o que temos dentro de nós. Trata-se da tendência equivocada de sempre fugirmos de nós mesmos, dirigindo-nos para fora.

36 Algumas pessoas que buscam a verdade de si mesmas acreditam estar no fim do caminho quando compreendem, intelectual e racionalmente, o que acreditam ser. Pensam que, depois da compreensão de si, todas as coisas se tornarão claras, porque acreditam ter alcançado a meta que perseguiam.

Mas minha voz interior me diz:

O conhecimento de si mesmo, para que se torne transformador da existência e ponto de partida de uma vida nova, tem de ser um conhecimento existencial, sentido, intimamente transformador. O conhecimento teórico e racional não é suficiente. Não basta que a sua mente o veja com maior ou menor clareza. É necessário que o gozo e a paz brotem de você como de uma fonte viva. A experiência do ser profundo é intransferível e indescritível por meio de palavras. Tudo o que se disser estará distante da verdadeira realidade. Nisto, mais do que em todas as outras coisas, a realidade supera em muito as palavras e a imaginação.

A experiência de si mesmo não requer nenhum tipo de conhecimento, nenhuma preparação acadêmica, nenhuma condição social ou sequer moral. Não é preciso "ser bom" no sentido moral, como se costuma habitualmente entender. É necessário apenas ter um profundo e sincero desejo de chegar a se conhecer e experimentar a própria realidade íntima.

Em nenhuma disciplina o conhecimento teórico e intelectual é idêntico à experiência, e isso se dá com muito mais certeza e de maneira categórica no que diz respeito ao conhecimento de si.

Nenhum buscador se deve equivocar. Uma coisa é o conhecimento e outra coisa muito distinta a experiência vivencial.

37 A maioria das pessoas tem crenças a respeito de tudo. Crenças sobre elas próprias, crenças sobre os outros, sobre a sociedade, crenças sobre Deus, sobre a política, sobre muitas coisas. Crêem e pensam segundo aquilo que lhes foi dito e ensinado.

Mas minha voz interior me diz:

Por que você não submete suas crenças a um julgamento? Alguma vez você se perguntou em que essas crenças se apóiam? Será que você é incapaz de chegar a conhecer onde está a verdade e onde está o erro? Será que os outros, que lhe disseram e ensinaram certas coisas, têm a capacidade de sabê-las e você não?

O que você pensa e crê neste momento acerca de si mesmo, acerca dos outros, acerca de Deus, acerca do mundo é algo que você crê e pensa porque você VÊ, conhece e compreende desse modo ou porque lhe disseram, ensinaram e o influenciaram a pensar e acreditar desse modo?

Por que você não faz uma revisão de cada uma de todas as suas crenças?

Por que você tem medo de pensar por si mesmo? Será que você tem medo de não se sentir apoiado por aquilo que os outros pensam e acreditam?

Será que você pensa que aquilo em que muitos acreditam "cegamente" constitui, por serem muitos, uma garantia da verdade?

Você acha que um erro pode-se transformar numa verdade só porque muitos nele acreditam?

A verdade não se encontra naquilo que crêem e pensam aqueles que têm algum interesse determinado em manter certos padrões de crenças; ao contrário, a verdade É, e aquilo que É só pode ser visto e conhecido quando o olhamos com um olhar desinteressado e inocente.

Por que você não revê e examina cada uma de suas crenças, perguntando-se da razão que o leva a aceitá-las?

38 É evidente que quase todas as pessoas vivem diariamente desejando e ansiando por conseguir ou ter certas coisas, desejando adquirir algo que não têm. E quase toda a sua existência se desenvolve repleta de ansiedades por conseguir algo. Depois de conseguir o que se desejava, há sempre algo novo para se conseguir. Desse modo, a vida toda resulta numa série interminável de desejos...

Mas minha voz interior me diz:

Essa série ininterrupta de desejos é a causa de seus sofrimentos e frustrações.

Quando você conseguir a única coisa verdadeiramente importante de toda a sua existência, tudo o mais deixará de exercer essa atração compulsiva e neurótica que, diariamente, o tem obcecado.

Uma só coisa é necessária, a saber, que você veja e compreenda profundamente o que você é, qual é a sua natureza.

Quando você compreender e sentir que a sua natureza, o seu ser verdadeiro já é potencialmente tudo o que você pode desejar, e quando você perceber que a felicidade, que é você em seu ser profundo, é superior a todas as satisfações que você tenta encontrar com todos os seus desejos, então você não desejará mais nada e viverá feliz com o que você já é, com a felicidade que você é.

Quando você conseguir isso, sentirá que tudo o mais é acidental. Se algumas coisas que você agora deseja ansiosamente lhe vierem, serão bem-vindas. Mas se não vierem, você se sentirá igualmente feliz com a sua própria plenitude.

A ansiedade de possuir coisas é tão ilusória e superficial quanto a angústia e a desilusão por perdê-las.

Para que viver de ilusões, que só trazem decepções?

Seria bem melhor iludir-se com a sua autêntica plenitude, que constitui uma realidade que jamais poderá decepcioná-lo.

39 Aquela pessoa estava, por fim, decidida a seguir o seu caminho começando por onde devia começar: por si mesma. Mas não sabia como fazê-lo. No entanto, sempre que alguém deseja alguma coisa com sinceridade, acaba encontrando o modo de consegui-la; por isso, disse-lhe que mantivesse sua vontade inabalável, pois, quando chegasse o momento oportuno, tudo o que ela desejava seria alcançado.

Mas minha voz interior me diz:

Onde quer que você esteja, aonde quer que você vá, seu "eu" está sempre com você. Você é aquele que está. Você é aquele que vai. Mas quem sou eu? Quem é este ou isto a que chamo de eu?

Essa pergunta deve estar ressoando constantemente, até que todos os demais pensamentos e preocupações desapareçam, dando passagem a esse "quem sou?" Comece a ser dono de sua mente. Observe quem é o dono e quem é aquele que percebe isso. Você é a testemunha de tudo o que acontece em você. Você é aquele que sempre permanece, aquele que está sempre aí, enquanto o corpo, os pensamentos e as percepções vão mudando.

Não se contente em pensar e saber isso teoricamente. Enquanto o seu corpo, as suas mãos realizam qualquer ação, mantenha a sua mente fixa na pergunta "Quem sou?" Investigue o que há além de seu corpo, de suas idéias e sentimentos. Procure chegar à origem, à testemunha de tudo isso.

Quando você perceber e sentir a sua realidade profunda, nada o perturbará, nada o alterará, porque você perceberá que, além de todos os acontecimentos transitórios mais ou menos agradáveis ou desagradáveis, encontra-se a alegria, a felicidade, a plenitude que você é.

40 Costuma-se dizer que a vida e o comportamento das pessoas são o reflexo exato de suas idéias e pensamentos. Assim, os que alimentam pensamentos de prazer e alegria parecem viver de modo prazeroso e alegre. E, ao contrário, os que hospedam em sua mente pensamentos tristes e negativos vivem, geralmente, com tristeza e abatimento.

Mas minha voz interior me diz:

Sua existência parece, sem dúvida, desenvolver-se em consonância com os seus pensamentos. Não há dúvida de que, geralmente, são os pensamentos que governam a existência da maioria das pessoas e de que a qualidade de vida parece ser uma conseqüência direta da qualidade dos pensamentos. Não se pode negar que os que alimentam e mantêm sua mente com pensamentos alegres e positivos parecem viver de modo alegre e positivo. E vice-versa.

Mas não se esqueça de que tudo aquilo que é produto e conseqüência de algo transitório e instável também é, por sua vez, transitório e instável.

Seus pensamentos são mutáveis e instáveis. Assim, você pode observar muitas pessoas que se alteram de maneira brusca e com facilidade, porque estão à mercê dos pensamentos que chegam à sua mente.

Minha voz me atesta que toda existência é segura e estavelmente prazerosa quando se fundamenta na realidade estável, prazerosa e feliz que é a base e o fundamento de todos e de cada um dos seres humanos.

Quando os pensamentos que nos chegam à mente governam a nossa vida, ocultam e nos impedem de ver e desfrutar aquilo QUE É, aquilo que existe antes da chegada dos pensamentos. Aquilo que É está aí antes da chegada dos pensamentos, da mesma forma como está aí quando não há nenhum pensamento.

Aprender a mudar os pensamentos negativos em positivos é bom. Mas é melhor não ser governado nem conduzido por idéia alguma, porque toda idéia é ideal e não real, e a sua realidade, em troca, é a verdade e a autêntica Realidade.

41 Diz-se que a vida é um vale de lágrimas, que é preciso ter paciência com os sofrimentos e contratempos da vida...

Mas minha voz interior me diz:

Este mundo, ou a sua vida neste mundo, não é nem um vale de lágrimas nem um mar de rosas, como acreditam alguns.

O mundo da vida não é feliz nem infeliz. A felicidade ou infelicidade está unicamente em você.

Quando você sente um desejo ardente de felicidade, é porque essa felicidade está tentando expressar-se em você. Ela está em você e procura manifestar-se, expressar-se. Se a felicidade já não estivesse enraizada em você e pronta a germinar, como é que você poderia sentir o forte desejo de que ela se expresse em você?

Por que, então, você não é feliz?

Porque há um engano mental. Através dos sentidos, você percebe que algumas coisas exteriores lhe causam uma certa satisfação e, então, você atribui a essas coisas a capacidade de fazê-lo feliz, como se a felicidade estivesse nelas. Mas o anelo e a ânsia interiores que você sente em relação à felicidade são infinitos, ilimitados. E as coisas a que você erroneamente atribui a capacidade de lhe dar felicidade são limitadas, fugazes. E você permanece frustrado em seu anelo infinito de felicidade, de plenitude, em cuja direção você é atraído. E essas contínuas frustrações lhe causam essa sensação de desencanto, levando-o a pensar que a vida é uma série contínua de sofrimentos, um vale de lágrimas.

Mas onde está o erro? Na pretensão de que o seu anelo e anseio de felicidade e plenitude possam ser satisfeitos com coisas do mundo exterior. O mundo é exatamente aquilo que ele tem de ser, nem mais nem menos. Ele é apenas o espaço, o campo onde você deve desenvolver-se e exercitar-se para aperfeiçoar aquilo que você é. Se há infelicidade em você, isso se deve ao seu erro mental. Procure a felicidade onde ela se encontra.

42 Há séculos os grandes filósofos e pensadores vêm insistindo em que o conhecimento de si mesmo é o princípio da sabedoria. E quando dizemos a algumas pessoas que o autoconhecimento não consiste em saber quais são as suas reações, os seus pensamentos, os seus gostos, as suas preferências e as suas repugnâncias, nem tampouco o modo como se comportam, mas que consiste em conhecermos aquilo que somos enquanto realidade, costumam dizer que isso é muito difícil e procuram justificar sua ignorância e indolência nesse sentido alegando que ninguém se conhece desse modo.

Mas minha voz interior me diz:

O que você é não pode ser conhecido da forma como a mente conhece os objetos exteriores que nos são oferecidos pelos sentidos exteriores.

O que você é pode ser intuído, percebido e sentido interiormente. O que você É não pode ser conhecido como um objeto. Mas você pode SENTI-LO como sujeito-consciência-testemunha de tudo quanto houver dentro e fora de você.

À medida que vai conhecendo tudo o que você não é, você permanece com o que você é. Mas "o que você é", você não o conhece. Você o sente. O que você não é, são as idéias ou objetos do conhecimento. Mas "o que você é" não é nenhum objeto. Tratase do sujeito cognoscente, que jamais pode ser tomado ou considerado como um objeto. Na realidade, quando um indivíduo se conhece, não há objeto e nem mesmo sujeito. Há somente a simples visão, a sensação interior de Ser, de Unidade. Quando uma pessoa alcança a visão, intuição ou sentimento daquilo que ele É no fundo de si mesmo, percebe então que não é um indivíduo, mas que apenas É, que ele é UNO com o UNO, sem dualidade. Sua individualidade é somente a forma como se manifesta em relação ao exterior. Essas formas, porém, são acidentais, embora sejam consideradas, na vida diária, pela maioria das pessoas, como se fossem aquilo que autenticamente somos, o nosso verdadeiro ser. Cada um de nós, porém, é muito mais do que a sua própria pessoa.

43 Torna-se desconcertante e inexplicável o fato de que muitas pessoas, que aparentemente têm tudo para viver alegres e contentes, permaneçam, habitualmente, num estado permanente de tristeza, apatia e descontentamento.

Mas minha voz interior me diz:

Quase todos — para não dizer todos — os descontentes parecem ter uma base comum de possessividade e apego.

Vivendo dominados e pressionados pelo "ego" mesquinho e ambicioso, vocês sentem o desejo de ter e de possuir cada vez mais coisas. Se vivessem a partir de sua plenitude interior, não sentiriam nenhum desejo, pois vocês já são tudo aquilo que poderiam desejar. Mas vocês se sentem deficientes, sentem a deficiência de todas aquelas coisas que o seu "ego" não é e nem tem. Porque o "ego" é apenas uma idéia pobre e limitada de sua personalidade defeituosa, por mais que vocês se esforcem em demonstrar e aparentar uma personalidade atraente e fascinante diante dos outros e de vocês mesmos. Todo esforço no sentido de aparentar é um sinal de deficiência. E a sede e ambição de possuir cada vez mais coisas deve-se, por um lado, à procura e anelo interior de infinitude e, por outro lado, à pobreza e pequenez dos meios com que procuramos satisfazer esses anelos.

Não se pode preencher nem satisfazer o infinito com as coisas finitas e limitadas. Além disso, o "ego" é insaciável. Quando conseguiu alguma coisa, já deseja algo mais. E a cadeia de apetites e desejos torna-se interminável. Essa insatisfação acarreta, como conseqüência imediata, a frustração, a tristeza e o descontentamento.

Enquanto você continuar em busca da satisfação das veleidades do "ego", as depressões, a tristeza e o descontentamento serão um denominador comum e permanente em cada dia de sua existência.

44 Em livros, conferências, conselhos... insiste-se na confiança em si próprio. Diz-se com freqüência: Confie em você mesmo.

Mas minha voz interior me diz:

Esse é um conselho muito relativo.

Enquanto você viver mergulhado no engano acerca de você mesmo e se imaginar sendo esse "ego" transitório de sua personalidade, aviso-lhe: não confie em você mesmo. Isso que você acredita ser não merece a sua confiança. Trata-se de um personagem falaz, enganoso, embusteiro, impostor.

Se você vive sob as ordens desse "ego" que você acredita ser, tome cuidado consigo próprio. Você não merece confiança. Tentará enganar os outros. Mas tome cuidado, não engane a si mesmo. Esse seria o pior de todos os enganos.

Se você se acha forte, valioso e importante pelo que você tem, quer se trate de coisas, de dinheiro ou de qualidades volúveis de sua personalidade, você também não goza de muitos motivos para confiar em si próprio.

Mas se, ao contrário, você sabe com certeza o que você é no fundo de si mesmo, se tem o conhecimento de que em você está palpitando a Realidade divina, que é luz, sabedoria, amor, felicidade, fortaleza... então confie plenamente em si.

Não se engane. Pois você pode pensar que você é a Realidade Absoluta, permanecendo, porém, num mero e belo pensamento teórico.

Se a cada hora, a cada dia ressoa em você a melodia da paz e da segurança sobre O Que Você É no fundo de si mesmo, você sentirá a felicidade profunda de que você É Tudo.

Não pense que se trata de uma bela teoria. Trata-se da única verdade. Você pode comprová-la por si mesmo. Está em suas mãos.

Olhe para ela. Veja-a e sinta-a.

45 Era um programa de TV. Um senhor, que parecia ser o orientador de um grupo de jovens, perguntava-lhes se, por acaso, se sentiam responsáveis pelo estado de abandono e miséria em que vivia uma boa parte da população do país. Alguns jovens sentiam uma certa responsabilidade por não fazerem o que alguns companheiros seus estavam fazendo pelas pessoas pobres. Outros achavam que isso não lhes dizia respeito. Um dos jovens disse que não se sentia responsável porque estava fazendo o que precisava fazer nesse momento, ou seja, estudar. E procurava fazê-lo da melhor maneira possível. Achava que, por enquanto, isso era a coisa mais importante, em vez de dedicar-se a outras coisas que não sabia fazer.

O orientador não se deu por satisfeito com essa resposta e prosseguiu dizendo-lhe se ele não achava que podia trabalhar por todos aqueles que se encontravam numa situação econômica pior que a dele...

Mas minha voz interior me diz:

Se cada pessoa "fizesse o que tem de fazer", essas situações de abandono e miséria que existem no mundo não existiriam; considerando, porém, a situação atual, em que tantas pessoas e famílias se encontram nesse estado, a solução também pode ser encontrada se cada pessoa "fizer o que tem de fazer".

Evidentemente, é utópico pensar que todos irão "fazer o que têm de fazer". Contudo, se todos aqueles que se queixam do atual estado de coisas "fizessem o que têm de fazer", muitos dos problemas existentes desapareceriam, e muitas daquelas pessoas que não fazem o que têm de fazer se sentiriam motivadas a fazê-lo.

Muitas pessoas desejam ser salvadoras dos outros e resolver-lhes os problemas, sem que elas mesmas realizem e façam o que têm de fazer. É como se quisessem deixar de lado e substituir a irresponsabilidade que sentem por não realizarem o que têm de fazer, agindo então em nome dos outros e procurando resolver-lhes os problemas. Cumprir com o próprio dever é, sem dúvida, algo mais obscuro e menos gratificante para o ego vaidoso do que fazer coisas extraordinárias pelos outros. É, porém, muito mais eficaz e é a primeira coisa que se deve fazer.

Se cada pessoa, em sua função, em seu trabalho, cumprir com a sua obrigação e "fizer o que tem de fazer", muitos problemas sociais serão resolvidos por si mesmos.

Há pessoas que agem e empregam seu tempo e suas forças trabalhando pelos outros, fazendo até mesmo pose de pessoas extremamente generosas, ao mesmo tempo que, em suas próprias casas, se comportam de um modo despótico, tacanho e intolerante. Não percebem que a maior parte desses problemas, que elas aparentemente estão resolvendo para os outros, têm origem nas suas próprias condutas injustas para com aquelas pessoas em relação às quais deixam de cumprir suas principais obrigações.

Esquecemo-nos de fazer as coisas mais simples e básicas e pretendemos fazer aquelas coisas especiais que chamam a atenção. Esquecemo-nos de que "a maior de todas as virtudes consiste em simplesmente fazer o que temos de fazer".

Quando cumprirmos o nosso dever, perceberemos, obviamente, que existem outras coisas que também temos de fazer pelos outros. E então as faremos. E as faremos sem pretender tranqüilizar a nossa consciência pelo não-cumprimento de nosso dever.

De uma pessoa que não faz bem "o que tem de fazer" não se pode esperar que faça bem, em relação aos outros, aquilo que, provavelmente, não tem de fazer.

Quando somos o que temos de ser e fazemos o que temos de fazer, nossa consciência interior aos poucos nos indicará o que devemos fazer de necessário e útil pelos outros, e como devemos fazê-lo.

46 Encontramos, com muita freqüência, pessoas que mantêm seu pensamento e atenção voltados para alguma calamidade ou desgraça que lhes tenha ocorrido. Pensam, falam e lamentam-se sempre acerca da mesma coisa... Tem-se a impressão de que o mundo, para elas, está limitado a essa desgraça pessoal. Durante o dia, durante a noite, a qualquer momento sua atenção está presa a isso e não fazem mais do que lamentar sua desgraça.

Mas minha voz interior me diz:

Quanto mais você pensa numa determinada coisa, tanto mais ela o aflige e o afeta. Sua dor, seu ressentimento, sua tristeza, sua preocupação, seu sofrimento aumentam na proporção exata em que você neles se fecha.

Se você compreendesse que você não é esse corpo que você tem, que não é, tampouco, essa idéia que faz acerca de si mesmo, e se concentrasse a sua atenção na consciência que percebe o que lhe está acontecendo, na consciência que observa, e não no que está sendo observado, se você concentrasse a sua atenção naquele que vê e não no que está sendo visto, você perceberia que a sua dor, a sua tristeza e o seu sofrimento começariam a se diluir.

Nenhum acontecimento pode afetá-lo. Ele afeta a sua mente ou o seu corpo. Mas você não é nem um nem o outro.

Você, que é o observador, a testemunha de tudo aquilo que lhe ocorre, é muito mais do que tudo aquilo que possa ocorrer ao seu redor.

Transfira a sua atenção da ocorrência para aquele que percebe a ocorrência, para a testemunha que você é.

Quando você deixar de sentir-se como um círculo pequeno, o limitado círculo de sua personalidade, perceberá que as ocorrências não são tão importantes a ponto de reduzir a sua vida ao seu pequeno "ego".

47 Muitas pessoas parecem viver na dependência permanente dos êxitos, dos resultados de suas ações. Pensam que cada ação deve vir coroada pelo êxito, por um resultado feliz. Para elas, a culminação do êxito consiste em serem reconhecidas pelos outros.

Mas minha voz interior me diz:

Não são os sucessos, não são os resultados e o êxito exterior que devem preocupá-lo, mas sim o aspecto interior de suas ações, que consiste em fazer bem aquilo que você acredita, sinceramente, que deve fazer.

Aqueles que buscam, acima de tudo, o êxito, muitas vezes fazem, para consegui-lo, o que não deviam fazer. E, por mais reconhecimento que recebam do exterior, sentem, interiormente, por mais insensíveis que sejam, o dedo acusador que os recrimina por terem feito o que não deviam ou por não terem feito o que deviam.

Nem sempre você obterá o êxito exterior por meio do êxito interior de fazer o que você tem de fazer. Mas você deve escolher entre ser fiel a si mesmo ou conseguir o aplauso exterior.

Não há dúvida de que, na prática, a escolha nem sempre é fácil ou cômoda. Mas a aventura de ser fiel a si mesmo é inseparável de alguns riscos que se tem de correr.

Quando você for, autêntica e totalmente, você mesmo, com toda a sua capacidade de consciência, ação e amor, verá que a escolha não é tão difícil assim.

Ponha em suas ações aquilo que de melhor há em você e abandone o resultado nas mãos de Quem sabe o que deve fazer com os resultados.

Aquele que faz com que cada folha de cada árvore caia em seu devido momento fará o restante.

48 Diz-se, às vezes: não basta ser bom, é necessário também parecer bom.

Mas minha voz interior me diz:

Para os que querem ser bons de verdade, isso é o bastante. Não precisam de mais nada. O fato de parecer ou não é algo que depende dos olhos dos que os vêem. Mas isso é totalmente irrelevante.

Não confie naqueles que também se preocupam em parecer. Pois costuma suceder que, para essas pessoas, isso é o que verdadeiramente as preocupa.

Por que seria necessário parecer?

Quem poderia notá-lo? Pois mesmo que alguns o notem, sempre haverá os que o verão de outra maneira.

Não há melhor exemplo do que aquele que não nos esforçamos em dar.

Somente o ego inferior tem um interesse especial em que suas boas ações sejam vistas. Quanto àquele que vive a partir de sua verdadeira realidade, sua simples presença é o melhor exemplo.

Às vezes, quando vejo alguns "bons exemplos" de certas pessoas, recordo-me da preocupação daquela criança que queria ser santa para que fosse colocada nos altares.

Aquela criança expressava seu interesse e desejo.

Muitos adultos têm esse sentimento e, embora seja bem mais forte, não o expressam.

Por estarem acostumados a viver na dependência das aparências, até mesmo o mais santo e nobre se avilta e se reduz às aparências. O mais grave, porém, é que aqueles que mantêm essa postura de querer parecer bons são os que estão comprometidos com alguma estrutura institucional religiosa ou social. Se em vez de depositarem tanto esforço em "parecer" o depositassem em "ser", haveria muito mais pessoas boas e exemplares.

49 Certa vez, dizia-me uma pessoa: Tenho estudado ioga, assistido a conferências, cursos e até participado de grupos com vistas ao desenvolvimento interior. Mas de todos esses ensinamentos aprendi que tenho ainda de fazer tantas coisas para aperfeiçoar-me que não sei por onde começar. A verdade é que me sinto submerso na rotina vulgar diária, sem encontrar alegria nem tranqüilidade interior. Não sei o que fazer...

Mas minha voz interior me diz:

Se em vez de dar ouvidos a tantas vozes exteriores, você ouvisse a sua própria voz, perceberia que não é difícil saber o que você precisa fazer.

Acima de tudo, tenha sempre em mente a pergunta: Quem sou? Perceba que há em você uma entidade que, desde a sua infância, se apoderou de você, levando-o a acreditar que essa é a sua identidade, pois essa é a crença de todas as pessoas. Mas essa entidade é um impostor. Trata-se de seu "ego" vaidoso, temeroso, pequeno, ambicioso, vingativo, sensual... de sua individualidade pessoal. Olhe mais para dentro e veja que você não é isso, e que aquilo que você é verdadeiramente é algo infinitamente superior. Você é o próprio Ser Absoluto que abarca todas as coisas. Sinta-se inundado pela infinita energia, bondade e amor do Ser Absoluto. Não tema a crítica ignorante e puritana que lhe podem fazer de que, se você acredita ser Isso, você é orgulhoso. Quando você compreender que você é Isso, não haverá lugar para o orgulho em você.

Talvez às vezes você tenha chegado a pensar, ou o fizeram acreditar, que você não passa de um insignificante verme imundo, arrastando-se pela terra. Olhe para você e perceba que você é muito mais do que esse corpo que você tem e do que essa mente que o domina e o escraviza. Sinta que você é a sustentação básica e o fundamento de seu corpo, bem como a luz com que sua mente trabalha.

Sinta que você está no Ser Absoluto e que Ele está em Você. Você é Ele. Não se trata de uma falsa imaginação otimista. Trata-se da realidade, simples e prazerosa, embora desconhecida. Procure vê-la e senti-la em você. E então todo e qualquer estado triste ou deprimente do dia-a-dia se transformará em profundo prazer.

50 A aspiração mais comum e lógica do ser humano é a de sentir-se feliz. Busca, por todos os meios, consegui-lo, mas poucas vezes o consegue. Todos os passos que dá em sua existência são dirigidos para a obtenção de algum grau de felicidade, qualquer que seja a sua forma.

Mas minha voz interior me diz:

Somente os valentes conseguem ser felizes. É preciso ser muito valente para largar e abandonar todas aquelas coisas que, aparentemente, parecem ser as causas da felicidade.

É muito difícil reconhecer que você tem vivido às custas de falsas idéias acerca de si mesmo; é muito difícil ficar sem idéias e viver a sua realidade. É preciso muita coragem para se soltar do pára-quedas e lançar-se no espaço sem a ajuda de tudo o que lhe tem servido de apoio na sua vida.

Enquanto você permanecer atado a todas essas aparentes fontes de felicidade, das quais dependeu durante tanto tempo, não poderá compreender que a felicidade não tem sua origem nelas, nem tampouco em coisa alguma: Você já é a felicidade naquilo que você é em sua realidade verdadeira.

As coisas lhe proporcionam algum prazer momentâneo e você confunde isso com felicidade. Na sua cegueira, você continua buscando, um após outro, cada vez mais objetos exteriores a você, com a inútil esperança de se sentir feliz. Você pretende conseguir a felicidade com a soma de inúmeras satisfações e prazeres momentâneos. Mas você sempre se depara, em última análise, com o vazio e o fastio. Porque a felicidade, esse estado de gozo, sossego, paz e alegria íntima, é um estado que só se pode encontrar naquele algo permanente que constitui a sua realidade profunda e verdadeira, a qual não falha e nunca se altera.

No fundo, você já é tudo aquilo de bom que você quer ser e conseguir. Mas você deve reconhecê-lo e atualizá-lo a cada momento.

51 Comprovamos, a cada dia, como as pessoas, os acontecimentos e as coisas são valorizados e percebidos de muitas maneiras distintas pelas diferentes pessoas. O mesmo fato, a mesma coisa é percebida e valorizada em alto grau por uma pessoa, enquanto, para uma outra, não tem nem representa valor algum. E cada um acredita estar com a verdade, de acordo com a sua apreciação.

Mas minha voz interior me diz:

O que vemos ou percebemos não é o objeto ou a coisa vista ou percebida, mas, antes, o que se encontra no sujeito que vê e percebe. Os objetos exteriores estimulam o sentido da percepção. Mas o que se percebe não se encontra no objeto percebido, e sim no sujeito que percebe. Só assim podemos explicar as maneiras tão distintas, e às vezes opostas, como o mesmo objeto é percebido por diferentes pessoas.

Cada um vê o mundo e as coisas pelo que ele próprio é, exatamente como ele é. E cada um vê o mundo e as coisas segundo o grau e o nível de desenvolvimento da consciência em que vive. Quem vive num nível baixo de consciência tem uma visão estreita e muito limitada das coisas, das pessoas e dos acontecimentos. E o juízo que faz sobre eles também é elementar e primário. A percepção e o juízo das coisas não podem encontrar-se além do desenvolvimento do sujeito que percebe e julga. A qualidade da visão não está no objeto que se vê, mas sim no desenvolvimento e perfeição do olho que vê. E, na maioria das vezes, cada um vê como pensa e deseja ver. Já disse o poeta espanhol: "Neste mundo, senhor, não há verdade nem mentira / tudo é conforme a cor / do cristal com que se vê." É verdade, porém, que "se o seu olho está limpo, todo o seu ser estará iluminado". Todavia, é também verdade que, se o seu ser está iluminado, o seu olho estará limpo para ver e tudo será visto com nitidez.

Mas você não deve cair num angelismo fácil, cândido e absurdo, segundo o qual "todo o mundo é bom". Isso é verdadeiro, mas é também falso. É verdadeiro se você sabe VER e compreender que cada pessoa é, no fundo de si mesma, uma imagem do Criador, no que diz respeito à sua natureza básica e essencial interna. Mas as pessoas não costumam viver de acordo com o que são em seu ser interior, seja por ignorância ou por esquecimento. É falso, por outro lado, se se vê e se julga uma pessoa pelo seu comportamento, que é o que, habitualmente, se costuma julgar. E é justamente nesse caso que se aplica o que dissemos anteriormente. Sucede então que, ao julgar os outros, as pessoas costumam projetar suas idéias, intenções e hábitos de ser e de pensar no que vêem e julgam acerca dos demais. O que não significa que você deva cair na errônea e absurda ingenuidade de pensar e dizer que o negro é branco. Mas se àquilo que é cinzento você acrescentar a negrura do seu olho, com certeza você o verá negro, mesmo que não o seja. Quem tem olhos inocentes e limpos, entre todas as possibilidades de pensar, sempre escolhe a melhor. E naquilo que é negro vê algum ponto luminoso e claro, porque seu olho é claro. Não é estúpido para chamar de branco aquilo que é negro, mas voltará sua atenção muito mais para o cinza que pode resultar do negro.

Quem tem os olhos sujos, ao contrário, terá uma visão cinzenta e até mesmo negra do mais puro branco. Trata-se, sobretudo, de amar a verdade. Mas tanto é verdade o negro, que tem o cinza, como o branco. Aquele que tem os olhos sujos verá tudo negro. Aquele que os tiver limpos verá o que há de negro, mas acrescentará ao branco que existe no cinza o branco de seus olhos.

As ações humanas, mesmo as que parecem evidentemente más, apresentam sempre algum ângulo de visão pelo qual se pode ver alguma explicação ou certo grau de bondade, ainda que seja por meio do erro daquele que age.

A beleza não está na rosa, mas, antes, nos olhos de quem a vê.

52 Os pobres, os ricos, os brancos, os negros, os velhos, as crianças, os jovens, os adultos, os que vivem nas cidades, os que vivem nas aldeias e nos campos, os africanos, os europeus, os asiáticos, os americanos... todas as pessoas que vivem em cada canto da Terra têm, invariavelmente, uma coisa em comum: todas querem ser felizes, todas sentem o mesmo desejo e anelo profundo de felicidade.

Mas minha voz interior me diz:

São poucas as que conseguem viver num estado constante de felicidade. A maioria costuma permanecer ofuscada com estados fugazes e momentâneos de prazeres e satisfações sensíveis ou psicológicos, sem nunca saborear o gozo profundo e permanente da felicidade. Pois o caminho que se escolhe para se atingir a felicidade costuma ser incorreto e inadequado.

A maioria das pessoas vive na dependência das satisfações dos sentidos externos. Esses se satisfazem com objetos materiais e sensíveis. Quando a pessoa tem alguma carência material, pensa que, satisfazendo-a, se tornará feliz. E trabalha para conseguir isso. Quando consegue obter o que desejava, surge o desejo de alguma outra coisa, porque sempre há alguma outra coisa para se desejar. E começa a corrida para obtê-la. Desse modo, a corrida se torna interminável. Nada daquilo que a pessoa vai adquirindo consegue sossegá-la e satisfazê-la de verdade, no fundo dela mesma. Pois a aspiração à felicidade verdadeira, que cada pessoa sente no fundo de si mesma, não pode ser satisfeita com sucedâneos de felicidade, mas apenas com o que é a felicidade em si mesma. E a felicidade de cada ser consiste e reside na plenitude a que ele está destinado por sua natureza. Cada pessoa já é a plenitude que está exigindo ser vivida e realizada em cada ato da vida, em cada momento da existência. A felicidade não é algo que se deva obter e conseguir fora de nós mesmos. A felicidade não pode ser perseguida, não pode ser agarrada, não pode ser aprisionada e amarrada. A felicidade simplesmente É, existe em cada um de nós. Mas está à espera de ser vivida. E ela é vivida quando vivemos a plenitude para a qual somos atraídos e estamos destinados pela nossa própria natureza.

Quando o indivíduo vive essa plenitude de sua natureza, isto é, quando vive a realidade do que ele É, a saber, energia, inteligência e amor, a felicidade se faz presente, inundando a alma e todos os poros do ser, sem que se necessite buscá-la ou chamá-la.

Algumas pessoas costumam dizer que a felicidade é esquiva ou fugidia. Não é verdade. O que acontece é que a buscamos onde ela não pode ser encontrada.

Embora isso seja difícil de ser aceito por muitas pessoas, a felicidade é totalmente alheia e independente de todas as coisas que nos cercam. A felicidade não é em absoluto o resultado de tudo aquilo que possuímos ou desejamos. A felicidade É apenas o próprio Ser que somos. Quando percebemos isso, já somos, em princípio, essa felicidade. Em outras palavras, quando percebemos que somos a felicidade pelo próprio ser que somos, tem início nosso estado feliz.

Algumas pessoas, que se julgam muito religiosas, pensam que isso significa prescindir de Deus, já que, segundo elas, a felicidade, como se costuma dizer com frases estereotipadas, encontra-se apenas em Deus. Esquecem-se, porém, que o Deus vivo se encontra no interior de cada pessoa, inclusive naquelas que não o amam ou que afirmam não acreditar em sua existência. O fato de acreditarem ou não nada altera. Quando uma pessoa encontra seu próprio centro, encontra também a Deus, não o nome ou o conceito de Deus, mas sua realidade.

Na maioria das vezes, o sofrimento é o início do caminho da felicidade. O sofrimento nos está dizendo, com sua voz, que essa deficiência que nos faz sofrer, isso que perdemos ou isso que desejamos, não é o nosso caminho. É necessário buscar em outro lugar. O caminho da felicidade quase sempre começa em algum sofrimento. Pois o sofrimento nos faz olhar para dentro. É verdade que muitas pessoas, apesar do sofrimento, não buscam o caminho. Virá, por isso, um outro sofrimento, até que abram os olhos. É por isso que os sábios são aqueles que aprendem da vida, enquanto os néscios são aqueles que mantêm os olhos fechados.

53 Nos ambientes mais desenvolvidos, quando se fala da solidariedade para com os outros ou da ajuda generosa ao mundo, afirma-se que, muito mais do que dar coisas, ajuda material, devemos dar-nos àqueles que necessitam de nós, devemos entregar-nos aos outros.

Mas minha voz interior me diz:

Quando você dá alguma coisa, você deve saber o que é que você está dando.

Quando você "se" entrega aos outros, também deve saber quem é e o que é esse "você" que se entrega.

A frase "entregar-se aos outros" é muito bonita. Mas você sabe realmente o que ela significa ou você a repete porque todo o mundo costuma fazê-lo?

Se você estivesse consciente de si mesmo, compreenderia que nenhuma pessoa pode entregar-se a outra. Quando você entrega seu corpo, não está entregando a si mesmo. Está entregando seu corpo. Quando você entrega suas ações ou suas idéias, ou alguma coisa de você, não é você.

A melhor ajuda que você pode prestar a uma outra pessoa consiste em senti-la em você, sentir-se unido a ela, sentir que você é ela e que ela é você. Esse é o sentimento autêntico de amor. Esse sentimento de unidade é a mais elevada e suprema entrega, se podemos chamá-lo assim. E quando essa sensação de unidade existe, nada então é dado, porque nada se possui com exclusividade, visto que aquilo que é seu também pertence àqueles com os quais você se sente unido.

Espero que você não pense que isso não passa de uma teoria linda e agradável, como tenho certeza de que pensam alguns. Enquanto você não compreender isso e vivê-lo, sua pretensa ajuda e entrega aos outros permanecerá reduzida, no fundo, a uma ajuda prestada ao seu próprio "ego", que se sente muito satisfeito ao se perceber tão generoso.

Doe suas coisas, caso assim o deseje, quando achar que são mais necessárias aos outros do que a você mesmo. Mas quando quiser dar aos outros o melhor, sinta-se unido amorosamente a eles. Esse amor lhe dirá o que você deve doar ou entregar a cada momento.

54 Todo ser humano sonha ardentemente em ser livre porque sente que, sem liberdade, não pode ser feliz.

Os povos lutam para se desfazerem da opressão de seus governantes tiranos. Os prisioneiros desejam sair do cárcere e alcançar a liberdade. Todos procuram tornar-se o mais possível independentes para serem livres e felizes...

Mas minha voz interior me diz:

Se vocês amassem realmente a liberdade, trabalhariam muito mais para se libertarem da pior de todas as escravidões.

A escravidão mais sutil e forte é aquela com que os homens e mulheres se encontram algemados a seus desejos e apegos a coisas, posses, idéias, gostos, hábitos, vícios, ambições, modas, esnobismos, vaidades...

Defendem-se as liberdades políticas, a liberdade de expressão, a liberdade econômica... Mas enquanto o homem não se libertar dos desejos e apegos de seu "ego", jamais obterá a felicidade que sobrevém à autêntica liberdade, a liberdade interior, que faz com que nos sintamos verdadeiramente nós mesmos.

O apego às coisas, idéias, pessoas... é o grande tirano e escravizador do mundo.

Por mais liberdades externas e aparentemente portadoras de satisfações e prazeres que tenha, o homem não encontrará a serenidade e a felicidade profunda enquanto não se libertar de suas prisões interiores.

Minha voz também me diz que muitos gritos e alardes pela liberdade não passam de uma maneira sutil e disfarçada de tentar aquietar as pressões escravizadoras do ego. Muitas pessoas pensam que, clamando pela liberdade, podem destruir as algemas com que se sentem interiormente escravizadas.

55 Todo dia aparece na televisão e se escreve nos jornais e revistas sobre o sucesso de artistas, cantores, políticos e empresários que aparecem como pessoas bem-sucedidas, reconhecidas em seus próprios países e até no mundo inteiro. E são muitos os que invejam a sorte dessas pessoas.

Mas minha voz interior me diz:

Muitos homens e mulheres bem-sucedidos costumam ser como árvores de aparência frondosa, porém com o tronco oco, porque em seu centro onde deveria haver um espírito animador, fonte de tudo o que pensam, sentem e vivem, há um grande vazio.

Aqueles que se deixam enganar pela aparência das coisas têm inveja dessas pessoas. As pessoas superficiais alimentam-se de superficialidades. Trata-se de pessoas sem peso, sem estabilidade, sem equilíbrio. Extasiam-se diante do sucesso de ouropel e fantasia. E, mais cedo ou mais tarde, sobrevém o efeito devastador de seu vazio, através da depressão e da angústia.

Entre essas pessoas, felizes são aquelas que, num belo dia, chegam a reconhecer a frivolidade oca e vazia pela qual tanto se interessaram durante um bom tempo.

O mundo é um campo cujo jogo consiste na disputa para ver quem é mais bem-sucedido. Para alguns, a existência não tem outro sentido que não seja a vitória nesse jogo do sucesso. Outros, mais conscientes, sentem que ser aquilo que são em seu centro consiste no maior de todos os sucessos, sendo a causa de sua permanente felicidade. Não necessitam da aprovação ou do aplauso da platéia.

Aquelas pessoas dominadas pelo afã do sucesso, por mais sérias e glorificadas que possam parecer, vivem ancoradas numa imaturidade imprópria e infantil.

56 Todo ser humano aspira, de uma maneira ou de outra, possuir mais coisas, a desfrutar de mais coisas e a sentir-se melhor. Trata-se de uma tendência universal e lógica de todo ser vivo.

Mas minha voz interior me diz:

Há três maneiras de satisfazer essa aspiração natural de se tornar melhor e superar-se em alguma coisa. Algumas pessoas procuram melhorar-se e afirmar sua personalidade através do sucesso, da posse, da fama, do poder, do dinheiro... Outras, ao contrário, embora não sejam muitas, esforçam-se no sentido de afirmar em sua vida seu ser verdadeiro mediante a realização da Verdade e do Amor, relegando a um segundo plano a ansiedade de possuir e o orgulho da personalidade. Distinguem o que é prioritário e essencial daquilo que não o é.

Por fim, há um terceiro grupo de pessoas que distinguem entre aquilo que conhecem e admitem, teórica e intelectualmente, e aquilo que vivem realmente no dia-a-dia de sua existência. Sabem que estão convocadas a um destino elevado e superior a todas as satisfações materiais, mas, na prática, as exigências da personalidade egoísta constituem as preocupações que preenchem sua mente durante as vinte e quatro horas do dia.

Se você pretende agir com sabedoria, precisa saber que toda ação de auto-afirmação da personalidade, bem como o aparente e momentâneo êxito que costuma acompanhá-la, obedece às regras gerais da vida: nascimento — crescimento — plenitude — decadência — morte. Em compensação, a afirmação de seu ser profundo conhece, unicamente, a plenitude. Seu Ser É. Não nasceu. Ele é plenitude. Basta que você o reconheça tal como ele é. Quando você o reconhecer e afirmar-se n'Ele, estará na plenitude que desconhece a decadência e a morte. O néscio trabalha por aquilo que morre. O sábio trabalha por aquilo que é sempre idêntico a si mesmo.

Para que tanto empenho em afirmar a personalidade que se desvanece num instante?

57 Um belo dia, ao despertar pela manhã, vem-nos à mente a idéia de que aquilo que fazemos é muito pouco, de que estamos vivendo sem fazer nada de importante. Temos a sensação de um vazio interior que precisa ser preenchido. Surgem, então, a inquietação e o desejo de fazer alguma coisa diferente e superior àquilo que estamos fazendo.

Mas minha voz interior me diz:

A coisa mais importante que um ser humano pode fazer em sua vida é conhecer a verdade e amar. Conhecer a verdade de si mesmo e da própria vida e amar a Tudo e a todos, sem limite nem distinções.

Aqueles que têm como meta de sua existência a aquisição de uma quantidade cada vez maior de dinheiro julgam muito importante o dia em que conseguem ganhar muito dinheiro. E, ao contrário, consideram um dia perdido aquele em que não conseguem ganhar nada. Para essas pessoas, tudo se reduz ao rendimento econômico. Mas o coração humano jamais se sente satisfeito com aquisições exteriores. Existe, em cada pessoa, uma necessidade interior e permanente de conhecer cada vez mais. Há os que procuram aquietar e satisfazer essa necessidade através do conhecimento mais ou menos superficial ou profundo de pessoas e coisas. Há, porém, uma verdade que clama insistentemente a partir de dentro até ser conhecida: trata-se da verdade acerca de si mesmo. E, ao se conhecer, a pessoa percebe que amar é a única coisa que pode fazer, pois essa é a sua natureza mais íntima. Assim como o pássaro foi feito para voar e o peixe para nadar, o ser humano foi criado para amar. Deixa de cumprir a sua missão pelo simples fato de desconhecê-lo. Portanto, a missão mais importante que o ser humano pode realizar sobre a terra consiste em conhecer-se profundamente e em realizar aquilo que constitui a sua natureza.

O dia mais valioso e mais bem aproveitado é aquele em que você compreendeu, clara e profundamente, aquilo que você é em sua verdadeira essência, como pessoa consciente.

58 Ela estava desolada. Dizia que não podia ser feliz porque o homem que a fazia feliz a abandonara.

Um outro estava amargurado porque não morava na cidade de seus sonhos, onde gostaria de estar, nem vivia nas condições que sempre desejara. Queixava-se da amargura da vida.

Um outro repetia que só se sentia feliz nas férias.

Todos buscavam alguma coisa ou algum lugar onde pudessem ser felizes.

Mas minha voz interior me diz:

Sua felicidade não se encontra em nenhuma coisa específica, em nenhuma pessoa ou lugar.

A felicidade está em você. Só em você. Enquanto você for feliz por causa de alguma coisa, de alguma pessoa, ou ao lado dessa pessoa, e não se sentir feliz na ausência dessa coisa ou dessa pessoa, você tem aí um indício claro de que sua felicidade é instável e frágil e se transformará, a qualquer momento, na causa do seu sofrimento.

Todo apego ou dependência de algo ou de alguém é sempre causa de sofrimento. Quanto mais apegos e dependências você tiver, pensando e desejando ser feliz com essas dependências, mais próximo você estará do sofrimento.

Se, ao contrário, você sabe e compreende o que você é e quem você é, verá que você mesmo, seu verdadeiro ser é a felicidade.

Todas as expectativas de felicidade que você deposita em seus pensamentos, em seus projetos, em suas imaginações, em seus desejos, em seus apegos a coisas e pessoas constituem a antesala do sofrimento. No caso de essas expectativas se realizarem, nunca lhe proporcionarão a felicidade imaginada, porque ela é tão instável que você sempre se encontrará sob a ameaça da perda e do abandono.

O ser infinito e eterno que há em você, que Você É, constitui sua felicidade infalível e indefectível.

Não se contente com imitações, com falsificações.

59 Diz-se que o mundo moderno precisa de tecnocratas, de cientistas ilustres, de políticos sagazes, de homens e mulheres de sucesso.

Outorgam-se honrarias e prêmios a pessoas que brilham na arte, nas ciências, na política, no esporte...

Mas minha voz interior me diz:

É possível que essas pessoas contribuam com um maior bem-estar para o mundo. Embora nem sempre seja assim e tampouco isso diga respeito a todos.

Mas os homens e mulheres que verdadeiramente contribuem, com toda a certeza, para que este mundo que habitamos se torne melhor e mais humano, são essas pessoas que são boas, e nada mais. Simplesmente boas. Aquelas que cumprem, simplesmente, com o seu dever, sem nenhuma ostentação. Aquelas que ajudam e amam os outros sem fazer nenhum alarde por isso.

Tais pessoas não recebem honrarias, não são mencionadas nos meios de comunicação, não brilham na vida social nem recebem homenagens nos diversos foros e instituições políticas e sociais.

Graças a essas pessoas simples e francamente boas, nosso mundo é um pouco mais habitável.

Se a quantidade dessas pessoas aumentasse, muitas das instituições hoje existentes se tornariam desnecessárias.

A bondade, em nossa época, encontra-se desvalorizada. Qualquer coisa parece ser mais importante do que ela.

Não devemos nos queixar das desumanas atrocidades de nossa época. Elas são o resultado exato da falta de bondade entre as pessoas.

A solução não está nas leis nem na repressão policial. Está em que, a partir dos estamentos mais elevados, os meios de comunicação e as instituições comecem a dar o devido valor a esta simples virtude da BONDADE.

60 Acostumados a possuir coisas e a apropriar-nos de tudo aquilo que está ao nosso alcance, falamos sempre utilizando adjetivos possessivos. Assim, dizemos "meu" amor ou "seu" amor...

Mas minha voz interior me diz:

Não existe "meu" amor nem "seu" amor. O amor É. O Amor é a consciência da identidade suprema. Amor é o sentimento de se sentir UNO com o Ser. Uma pessoa sente o amor ou vive o amor ou "tem" amor à medida que "vive o que ela É". E vive o que É quando tem consciência de sua identidade essencial com o Ser Supremo, ou Deus. Então, sente-se UNA com Ele e com todos os outros. À medida que essa consciência é mais limitada, mais obscura ou mais imperfeita, o amor também o é, com todas as suas conseqüências.

Não existe "meu" amor, assim como não existe "meu" ar ou "meu" espaço.

O Amor É, está aí, em mim, em você, nele... Cada indivíduo dele participa na exata medida em que se propõe participar.

O amor em si não cresce nem diminui. A única coisa que cresce ou diminui é a consciência que temos do Amor que somos. E, nessa mesma medida, cresce ou diminui também a manifestação prática e efetiva do mesmo. Quanto maior for a consciência que você tem de si mesmo, mais autêntico será o amor que você tem pelas pessoas e coisas, pois você se sentirá mais unido a Tudo e a todos.

Esse amor, como pensam alguns, não é abstrato; ele se concretiza, ao invés disso, a cada momento e situação vividos.

61 Todos podemos observar, diariamente, nos meios de comunicação, que as ocorrências relativas a acidentes, enfermidades e morte costumam ser abordadas e relatadas de um modo bastante trágico, em contraposição àquelas ocorrências relativas à degradação moral e humana, às quais mal se dá importância. Em outras palavras, dá-se muita importância a tudo quanto ocorre ao corpo, mas muito pouca ou nenhuma importância é dada aos valores interiores, mais humanos.

Mas minha voz interior me diz:

Ensinaram-no a identificar-se com o seu corpo. Por causa disso, tudo o que se refere ao corpo tem, para você, a maior importância. É por isso que você costuma dizer que a saúde é o mais importante. Mas o que você é enquanto plenitude é sua capacidade de conhecer, de sentir, de amar. Isso é o seu ser e a sua vida. Seu corpo é somente um modo particular e concreto de expressar essa plenitude. Você tem um corpo para expressar e manifestar, em relação ao que o rodeia, essa plenitude que você é enquanto ser real e verdadeiro, o que você é além de você. Por isso, tudo aquilo que acontece com o corpo não tem muita importância. De que lhe adianta ter o instrumento, que é o seu corpo, em perfeitas condições se, porém, você não o usa para expressar o que você é enquanto plenitude real?

Enquanto você fizer do seu corpo o seu deus, todo mal que lhe suceder lhe parecerá uma tragédia. A enfermidade pode, em certos casos, limitar a expressão de vida infinita e divina que você é no fundo de si mesmo. Mas você sempre pode sentir e viver sua plenitude. Além disso, você sabe, por experiência própria ou alheia, que a enfermidade o leva a dar mais importância ao que você é, enquanto plenitude interior, do que ao instrumento de expressão que é o seu corpo.

Em toda a Humanidade, existe uma identificação da pessoa com o seu corpo. Aqueles que reconhecem esse erro básico deixam de ver como algo trágico qualquer anormalidade em seu corpo. E, por conseguinte, também a morte.

62 Alguns psicólogos costumam afirmar que é fácil predizer o comportamento das pessoas conhecendo suas motivações, seus estímulos e seus interesses, porque a cada ação corresponde uma reação.

Mas minha voz interior me diz:

Enquanto você viver submetido a ações e reações automáticas, seu comportamento será automático e possível de ser predito. Mas aquele que vive consciente do que ele próprio é vive cada instante e cada situação de sua existência livre e criativamente e seu comportamento é sempre novo, impossível de predizer, criativo e amoroso.

Você pode fazer com que cada instante de sua existência seja uma experiência nova. Para tanto, precisa desembaraçar-se dos hábitos fixos adquiridos no passado e que se encontram profundamente gravados em sua mente subconsciente, de onde provêm suas ações inconscientes e automáticas.

Para aquele que é consciente de si mesmo, cada dia e cada instante é criativamente novo. Em tais pessoas não vigora a lei de causa e efeito, como ocorre naquelas que vivem dirigidas pelos automatismos mentais inconscientes.

As pessoas conscientes e donas de si mesmas vivem dirigidas pela energia amorosa de seu ser interior. Mas a sua consciência ampla e luminosa lhes diz a cada momento o que é mais adequado a cada situação. Por outro lado, as pessoas inconscientes de si mesmas são conduzidas, em suas ações, por seus hábitos cegos e automáticos.

No que diz respeito a essas pessoas, é certo que a cada ação corresponde, invariavelmente, uma determinada reação fixa e específica.

As pessoas conscientes são livres e vivem exercitando adequadamente seu livre-arbítrio. As pessoas inconscientes de si mesmas e automáticas vivem determinadas por seus hábitos mentais cegos, sem exercer a liberdade à qual foram destinadas.

Se você for livre, cada dia será um cântico novo à vida.

63 Ouvem-se constantes queixas de que não há sinceridade, de que a amizade verdadeira é praticamente inexistente, de que a metade do mundo desconfia da outra metade, das injustiças, da delinqüência, da insegurança social...

Mas minha voz interior me diz:

Enquanto você viver defendendo o "eu" falso de sua personalidade, tudo isso de que você se queixa continuará sendo normal e habitual no mundo. Você se acha muito importante e defende a todo custo seu nome, como se isso fosse você mesmo. Enquanto você pensar que é pai ou mãe, esposo ou esposa, filho, estudante, profissional... tudo estará sujeito a essa idéia, a essa função, a certos interesses concretos.

Quando você perceber que é muito mais do que tudo isso, e que todas essas funções e papéis que está representando são apenas papéis passageiros na comédia humana, você não transformará em ídolo o seu nome, a sua imagem ou o seu papel.

É evidente que cada indivíduo tem, inevitavelmente, um ego pessoal, um papel que tem de cumprir na vida. Contudo, ele deve ter consciência de que não é esse papel. Isso é apenas o meio ou instrumento com o qual devemos transitar alguns anos de nossa vida existencial. Esses papéis podem mudar e, na verdade, mudam com bastante freqüência, enquanto nós permanecemos os mesmos.

É muito bom saber desempenhar o papel que temos a cada momento. Mas sempre conscientes de que não somos isso. Somos uma entidade estável, consciente, amorosa, testemunha sempre fiel e imutável de tudo quanto ocorre dentro e fora, a consciência pessoal que participa da Consciência Pura e Eterna.

Quando você for e viver de acordo com o que você é, você será a testemunha e o observador do grande espetáculo da vida.

64 Costuma-se dizer, de maneira bastante frívola: Conheço muito bem as pessoas... Conheço muito bem as mulheres ou os homens... Conheço muito bem essa pessoa... ou esse tipo de pessoas...

Mas minha voz interior me diz:

Enquanto você não conhecer a si mesmo, qualquer pretensão de conhecer os outros, além de ser enganosa, será vã e néscia.

Você costuma ver os outros tal como se vê a si mesmo. Seus juízos sobre os outros são, senão injustos, pelo menos errôneos e inadequados.

Aquele que conhece bem a si mesmo, não só em suas ações e reações, mas também no que é muito mais importante, no que ele É em seu ser verdadeiro, jamais se vangloria ou se arroga a pretensão de conhecer os outros, bem como o direito de julgá-los.

Quem mais conhece menos julga.

Quem mais julga menos conhece.

O conhecimento sábio é silencioso, ou, pelo menos, prudente e cauteloso no momento do juízo.

Aquele que só conhece e vê a superfície de si mesmo não consegue enxergar nem mesmo a superfície dos outros. E muito menos o fundo. O conhecimento das causas e dos motivos de suas próprias ações e reações o capacitará a conhecer, em certo sentido e com cautela, as ações e reações dos outros, pois você nunca pode estar no lugar do outro.

Observe-se e observe ao seu redor. Você verá que, quanto mais for-se conhecendo, mais se convencerá de que conhece muito pouco os outros. Por conseguinte, tampouco se atreverá a fazer juízos apressados e ligeiros acerca deles.

65 Os pais e educadores costumam dizer a seus filhos e alunos que devem fazer tudo aquilo que deles se espera, que não devem frustrar as expectativas que neles foram depositadas.

Mas minha voz interior me diz:

O que você faz e deve fazer só diz respeito a você. O que os outros esperam de você é problema deles.

Não dependa de nada nem de ninguém. Nem das expectativas que os outros têm de você.

Quando você for Você mesmo, a todo o momento e em tudo o que faz, verá que a razão e o motivo de suas ações na vida não devem subordinar-se a algo que seja exterior a você próprio.

Sem dúvida, quando você olha, vê e vive a partir de você mesmo, compreende que há muitas coisas que deve fazer pelos outros, pois você não é uma ilha no mundo. Quando você viver, não a partir do ego ruim, mas a partir de sua própria plenitude, verá que o mais elevado e supremo serviço que você pode fazer pelos outros consiste em comunicar a plenitude amorosa que você é e vive. Então, o que você pode e deve fazer pelos outros será percebido por você próprio, como fruto direto de sua visão interior, do amor que você é e do sentido de unidade que seu ser consciente lhe aponta.

As esperanças e expectativas sempre apontam para o futuro. Mas o melhor que você pode fazer pelo futuro é permanecer, a todo o momento e em tudo o que faz, fiel a você mesmo *agora*, no momento presente.

Sem desprezar ninguém, agradeça o amor que os outros sentem por você, mas não permita que eles decidam seu presente e nem seu futuro. Dê ouvidos aos que o amam e atenção às suas observações e conselhos, levando em conta seus pontos de vista. Mas decida por você. Se você olhar para dentro, com sinceridade, encontrará o caminho reto.

66 Se perguntarmos às pessoas sobre o seu grau de egoísmo ou de generosidade, é muito provável que a maioria delas afirmem e assegurem que talvez tenham alguns traços ou atitudes egoístas, mas que, no fundo, são desinteressadas e generosas.

Mas minha voz interior me diz:

Quase todas as pessoas vivem presas numa armadilha. Algumas se comportam, em sua vida, com um claro e acentuado sentido egoísta. Em tudo que fazem, buscam sua própria conveniência, seu prazer sensual, sua utilidade material ou a satisfação vaidosa de seu "ego" pessoal.

Em outras, porém, que tratam de ajudar e servir aos outros, tudo é mais sutil e encoberto. Sacrificam seus bens materiais, sua comodidade e até seus gostos e idéias pelos outros, num gesto aparentemente bastante generoso. Pretendem ser generosas e acreditam sê-lo. Freqüentemente, porém, o serviço aos outros não passa de um meio para sentirem o gosto e a satisfação interior de constatar que cumprem com o dever de solidariedade e ajuda. Não buscam o elogio ou o reconhecimento dos outros. Não. Tudo se passa de um modo mais dissimulado. Sentem-se recompensadas com a satisfação que sentem ao ser generosas e auxiliadoras. Ou, como dizem algumas pessoas, é suficiente que se sintam bem consigo mesmas. Talvez você pergunte: e por acaso não é bom sentir-se bem consigo mesmo? Sim, é bom. Mas não é bom ajudar "para" sentir-se bem consigo mesmo.

Enquanto o sentir-se bem for o objetivo de sua ajuda, você não estará ajudando os outros, mas a você mesmo. Os outros serão então apenas os meios para sua complacência. E a sua ajuda não será ajuda aos outros, mas a você mesmo.

67 Diante das ofensas, é difícil perdoar. Mas são muitas as pessoas que dizem que perdoam, embora nem sempre seja um perdão de verdade. E os motivos pelos quais se perdoa são diversos, segundo as diversas pessoas. Algumas perdoam porque querem cumprir aquele mandamento: perdoai e sereis perdoados. Outras, porque perdoando se sentem pessoas generosas. Outras, talvez porque sentem que devem perdoar, simplesmente. Outras, por outros motivos.

Mas minha voz interior me diz:

Não se vanglorie pelo fato de perdoar, porque se você tem de perdoar é porque se sentiu ofendido. E se você se sentiu ofendido é porque está vivendo a partir de algo alheio a você mesmo. Pois seu ser interior, o "si mesmo" profundo, jamais se zanga. Não se pode zangar, porque é compreensão absoluta. E nunca se sente ofendido.

Se você nunca se sentisse ofendido, não teria de perdoar. Por mais que alguém procure ofendê-lo, não haverá ofensa se você não se sentir ofendido. E se você já se sentiu ofendido, observe o que é em você, que se sentiu ofendido, e verificará que você deve esquecer. Não se recorde da ofensa, e tampouco terá que perdoar, porque está esquecido.

Se você está zangado por causa da ofensa que alguém lhe fez, aceite sua zanga e ela desaparecerá. Se por acaso aparecer de novo, faça outro ato bem consciente de aceitação da zanga. Não durará muito.

Se você perceber por que aparece a zanga, verá que é porque você tem medo de alguma coisa. E o medo surge porque você está-se apoiando na sua parte frágil, que é a imagem e a idéia que você tem de si mesmo, e que tem medo de ver destruída. Por que você se apóia em algo que não tem consistência? Se você se apoiar naquilo que você é em seu próprio âmago, o medo desaparecerá, pois o que você é não pode ser ofendido, tocado nem destruído.

68 Hoje em dia, os casais se juntam e se separam com a mesma facilidade e rapidez, um após o outro. Dão-se explicações tais como incompatibilidade de gênios, perda do interesse e outras semelhantes. E tão logo se abandona um companheiro, já se está em busca de outro.

Mas minha voz interior me diz:

Os casais só perduram e são felizes quando suas pessoas, com todos os interesses egoístas que as acompanham, contam pouco e, entre elas, há apenas um protagonista: o amor.

Quando duas pessoas vivem superficialmente a partir de hábitos adquiridos, a convivência torna-se um fardo pesado. Em sua rotina, sempre sabem o que vão dizer, como vão reagir e o que virá a seguir. Não existe a espontaneidade nem a improvisação criativa e cordial.

Enquanto cada uma desejar e buscar, acima de tudo, a satisfação de seus gostos e interesses pessoais, a relação do casal estará por um fio.

Diz-se amiúde que, quando os componentes de um casal nada mais têm a dizer um ao outro, é sinal de que o amor que os unia chegou ao fim. Deve-se, porém, levar em consideração que não são as palavras em si, nem mesmo o seu conteúdo, o que dá valor ao diálogo entre duas pessoas, mas sim a fonte e origem de onde provêm. Enquanto o diálogo entre o casal for apenas de palavras, sem um laço íntimo de união que anime as duas pessoas, serão praticamente estéreis ou inúteis no que diz respeito à estabilidade da relação do casal. Acostumados a ver e julgar as coisas apenas por suas manifestações exteriores, damos mais importância aos sintomas do que às causas internas. O que faz do diálogo um laço de união entre os casais não são as palavras em si, nem mesmo o seu significado, mas o sentido e o sentimento dos interlocutores.

69 Há uma obsessão constante em quase todos os seres humanos por conseguir duas coisas: dinheiro e poder. Poder econômico, político, intelectual, religioso, científico, físico, mental...

As pessoas lutam bravamente para conseguir um desses poderes. Trata-se de uma obsessão generalizada, fonte de inumeráveis lutas e rivalidades. Trabalha-se freneticamente, cometem-se injustiças, mente-se, falsifica-se, põe-se até mesmo a vida em perigo para conseguir cada vez mais poder.

Mas minha voz interior me diz:

Você não precisa buscar nada fora de você. Você é o próprio poder. Você é a origem da energia física que se desenvolve em você. Você é a origem de todo conhecimento, de toda inteligência...

Você não tem poderes. Você é o poder. Você, que é o próprio Deus expressando-se sob as vestes de sua personalidade, você é a causa dos poderes que, de modo tão ansioso, você tem buscado como se fossem algo separado de você.

Perceba que toda atividade que se expressa em você brota desse centro que você chama de "eu". Esse eu, que não é a sua personalidade, é o próprio poder. Não tenha receio, levado por uma falsa modéstia sem sentido, de pensá-lo e senti-lo desse modo. O orgulho brota da personalidade, mas nunca de seu eu verdadeiro. Quando você conhecer bem o que você é, se sentirá seguro, porém nunca orgulhoso ou prepotente. Porque você saberá que você é o que é, não pode ser fulano ou beltrano, mas por ser o próprio Ser, Deus, que está se expressando através de você, assim como pode expressar-se através de todo aquele que esteja consciente daquilo que é.

Enquanto você não se instalar em seu "eu" verdadeiro, sujeito e origem de todas as suas ações e poderes, continuará preocupado e obcecado, tal como aquele que está sedento por uma gota de água sem perceber que ele é a própria fonte. Não se preocupe com os fenômenos. Ocupe-se, antes, com a fonte e com a origem desses fenômenos, que é Você mesmo.

70 Era uma pessoa ansiosa. Percorrera muitos caminhos em busca daquele "algo" que tantas pessoas buscam na vida, esperando encontrar, definitivamente, um sentido para a própria existência.

Os diversos métodos e doutrinas deram-lhe uma visão mais ampla do caminho. Mas ela não sabia por onde começar. Não sabia qual deveria ser o primeiro passo. Não sabia o que fazer. Todos os caminhos que experimentara antes haviam-se tornado por demais complicados e, às vezes, obscuros e inacessíveis. Dava alguns passos, mas sempre tinha que começar de novo, pois constatava que não tinha iniciado corretamente.

Mas minha voz interior me diz:

Se você quer entender o mundo, a Vida, Deus... comece pelo primeiro passo. E esse passo é você mesmo. Comece por saber e compreender quem você é, o que você é, o que é essencial em você e o que é secundário e acidental. Enquanto não der esse primeiro passo, nenhum dos demais passos terá a necessária estabilidade e fundamento. Os métodos, as técnicas e até a própria disciplina podem servir de ajuda, mas, para muitos, se transformam em redes nas quais permanecem retidos e aprisionados. O caminho é bom como meio para se poder chegar a algum lugar. Mas muitos o transformam em meta e nunca chegam ao seu destino.

O caminho rumo a você mesmo não é outro senão sua própria consciência. Torne-se consciente de você mesmo a cada minuto do dia. Torne-se consciente, não tanto daquilo que você faz, mas de quem é aquele que faz, de quem é a testemunha de tudo quanto está ocorrendo. Você percebe, então, que você é o caminhante, que a sua consciência é o caminho e que você é a meta de sua busca. E encontrará o TODO em você.

Não se deixe confundir demasiadamente com caminhos, métodos e disciplinas. Mantenha seu olhar permanentemente atento. Tudo se tornará claro.

A investigação acerca de "quem sou" e "do que sou"... é a base indispensável para qualquer conhecimento humano.

Todos os conhecimentos, todos os ensaios e práticas, todas as escolas, seitas e religiões fazem muito pouco sentido, se não se tomar como ponto de partida, se não se souber com clareza, com muita clareza, quem é e o que é aquele que conhece, que caminha, que busca, que investiga, que ama, que adora, que deseja...

E não é suficiente responder: Sou eu. Deve-se saber claramente quem é esse "eu". E, para saber quem é esse "eu", é preciso excluir tudo aquilo que até agora, erroneamente, acreditávamos ser.

À medida que for investigando e esclarecendo o que você é, perceberá que isso não só é o ponto de partida mas que então o caminho estará praticamente percorrido, porque a meta está aí mesmo, no ponto de partida: em você. E tudo o mais você encontrará em si mesmo.

71 Todos sabemos que a maior parte da educação dos jovens em particular, e das pessoas em geral, consiste em insistir na aquisição de virtudes e hábitos bons. Para tanto, recomendam-se exercícios de vontade, de renúncia, de esforço, de disciplina...

Mas minha voz interior me diz:

Se você está no caminho correto rumo a você mesmo, não precisa esforçar-se para conseguir virtude alguma. As virtudes aparecerão e se tornarão presentes em sua vida à medida que você caminhar pela senda e for-se aproximando da verdade acerca de si mesmo. Tudo isso é um processo natural.

Impor-se uma virtude determinada, sem estar no caminho correto de si mesmo, é algo que se transforma numa luta constante com poucos resultados efetivos. Mas, se você busca com sinceridade o reino de Deus dentro de si, tudo o mais, as virtudes, um estado harmônico virtuoso, aparecerá por acréscimo em você.

Muitas pessoas invertem os termos. Procuram adquirir virtudes para encontrar o reino de Deus, sem perceber que, se buscarem o reino de Deus que está em seu interior, as virtudes se tornarão por si mesmas presentes em sua vida.

Busque o reino dos céus em você. Não o busque fora. Ele está dentro de você. Quando perceber isso, verá que sua vida passa a ter um outro colorido, um outro rumo. A impaciência com que você pretendia corrigir-se desaparece por si própria. O medo, ou os medos, deixam de existir. O orgulho depreciativo em relação aos outros perde todo o sentido. A vulnerabilidade, a suscetibilidade de se sentir ofendido parecerá uma ridícula brincadeira de criança. A tendência escravizadora dos sentidos e a sensualidade aparecem como simples baixezas vulgares. A avareza, a ambição, o egoísmo aparecem como pretensões absurdas.

Busque primeiro O Primeiro, que o segundo virá por si mesmo.

72 Uma jovem tinha amigas e amigos com os quais mantinha uma bela relação de amizade. Um dia, apaixonou-se por um jovem e nunca mais deu atenção aos seus antigos amigos e amigas. Isolou-se com o seu amor, que supunha imenso. Diziam: está tão apaixonada que só enxerga pelos olhos dele e só vive por ele e para ele... Essa é uma história que se repete com freqüência.

Mas minha voz interior me diz:

O amor que exclui algo ou alguém é um amor inautêntico e pobre. O amor exclusivo, quanto mais limitado for, quanto maior o âmbito de sua exclusão e menor e limitado o círculo no qual se torna o centro e ao qual se reduz, tanto mais inautêntico e defeituoso se torna. Falta-lhe qualidade. Com a mesma facilidade com que nasce, essa espécie de amor morre. No caso da jovem de nossa história, sua imensa paixão durou pouco. Sua paixão foi cega e excluiu a bela amizade que a unia às suas amigas e amigos. Sua paixão não teve qualidade nem profundidade nem amplitude de intenções. Foi cegamente exclusiva.

Ao contrário do que se costuma dizer, o amor verdadeiro jamais é cego, mas sim totalmente lúcido. Se é cego, não se trata de um amor humano. O amor cego é parcial, inconsciente, interessado. Vê apenas o que quer ver. Quando acaba vendo o que não queria ver, o amor transforma-se em desamor, repulsa e menosprezo. Assim se explicam tantos amores e desamores, tantos matrimônios e divórcios.

O amor verdadeiro é sempre lúcido, é sempre consciente e aberto. Jamais é exclusivo, cego, limitado a um ponto ou pessoa.

Em toda paixão está sempre presente o perigo da redução e exclusividade do amor. Contudo, o perigo não precisa necessariamente terminar em queda e destruição. Você deve permanecer muito atento e consciente de si e de seu amor.

73 Aquelas pessoas estavam prestes a escandalizar-se porque seu amigo lhes dissera que não pertencia a nenhuma religião. Diante dessa postura, elas o proscreveram, senão exteriormente, pelo menos interiormente, considerando-o um herege perigoso.

Mas minha voz interior me diz:

Ninguém é religioso pelo simples fato de pertencer a uma determinada religião estruturada. Não.

É religioso, tem e vive com um sentido religioso, aquele que se sente, a todo o momento, ligado, unido a Deus, através de todas as suas manifestações na Natureza e no Universo.

A manifestação divina mais viva são os seres humanos. Aquele que se sente unido aos seus semelhantes pelo amor está unido a Deus.

Não é religioso aquele que, pertencendo a certa igreja ou religião, e até cumprindo estritamente os ritos religiosos de sua igreja, se sente separado, alheio em relação àqueles que não sentem como ele, não pensam como ele, não pertencem ao seu grupo social, ou por qualquer outra razão. Essa pessoa não tem um senso religioso ou de união com Deus porque não tem um senso de união com as manifestações vivas de Deus.

Aquele que vai diariamente à sua igreja, sinagoga, mesquita, ou o que quer que seja, caso viva com desamor em seu coração, está desligado, dividido, separado de Deus.

Ter um sentido religioso significa religar-se, unir-se a Deus e a todas as suas manifestações pelo amor, de um modo especial às suas manifestações vivas, que são os seres humanos. Não são as palavras nem os ritos, mas sim o amor efetivo o que nos une a Deus.

74 Queira-se ou não, o amor é o principal protagonista na vida humana. O amor sempre está presente, seja um amor verdadeiro e autêntico, seja um amor pequeno e espúrio. Em nome do amor realizam-se os atos mais elevados e edificantes, e em nome do amor cometem-se os absurdos e as monstruosidades mais aberrantes. E todos os que fazem tais coisas dizem ou pensam fazê-las por amor.

Mas minha voz interior me diz:

Cada pessoa fala do amor segundo o sentido que dá ao ato de amar. Mas esse sentido e significado é equívoco.

Cada pessoa pode sentir e perceber se ama corretamente quando, acima de amar uma determinada pessoa, ama o AMOR. E o que significa amar o amor? Amar o amor significa sentir-se uno, amar a unidade, sentir e compreender que o Universo inteiro é uma manifestação do Ser Uno, de Deus, ou seja como for que se queira chamá-lo. Sentir que aquilo que torna cada pessoa distinta das demais são unicamente as formas, o acidental. Mas a minha essência e a essência do outro é a mesma. Quando se sente e admite essa unidade, está-se amando o amor. Porque o amor é o sentimento subjetivo de unidade com aquilo que se considera o "outro", embora só seja "outro" nas formas acidentais.

Dentro deste universo de formas diversas, sentimos que há algumas individualidades que têm afinidade ou atração em relação à nossa. Ocorre então o amor especial para com certas pessoas ou individualidades.

Quanto maior for o sentimento de unidade, maior será o amor. Quanto maior for o amor, maior será a harmonia e menos guerras e lutas serão travadas. As histórias dos povos exaltam ações tão absurdas como a de matar os supostos inimigos da pátria (!)

Sim. Faz-se necessário revisar muitos estereótipos patrióticos, revolucionários, raciais... e muitos outros. Quando você amar o AMOR conscientemente, você o verá por si mesmo. O amor mais verdadeiro consiste em amar o AMOR.

75 Neste nosso mundo de hoje, mais do que em outras épocas, existem diversas formas de poluição ambiental. Uma delas é a poluição sonora, através dos ruídos, dos gritos, das informações, das palavras. As pessoas ligam o rádio, a televisão, ou procuram alguém com quem possam conversar, fazendo de tudo para evitar o silêncio...

Mas minha voz interior me diz:

Os ruídos, o bulício exterior enervam o sistema nervoso, bloqueiam a criatividade, atrofiam os sentidos... Mas a falta de silêncio interior é ainda mais desastrosa.

Vocês estão acostumados a falar e pensar e, por inércia, não podem deixar de fazê-lo. Sua mente está sempre em ação, com suas recordações do passado, seus temores e projetos do futuro e suas inquietações e problemas do presente.

Quando compreenderem que o silêncio não é o "nada", mas, antes, o "tudo" de onde surge todo pensamento, toda intuição criativa, toda ação, toda palavra, todo fenômeno, toda expressão, começarão então a amar o estado de permanecer em silêncio exterior e interior.

Para permanecer em silêncio exterior, basta isolar-se dos ruídos exteriores. Mas não é muito fácil isolar-se do ruído interior dos medos, temores, desejos, ansiedades, ambições, egoísmos e de todos os conteúdos mentais. Mas é necessário.

Atingir, voluntariamente, o silêncio consciente significa situar-se acima de todos os fenômenos e ações. Porque o silêncio é não-ação, não-fenômeno. O silêncio está fora da categoria de todas as ações humanas porque ele é a base e a origem de toda ação.

Buscar e encontrar o silêncio significa buscar e encontrar Deus. Porque Deus é o infinito e eterno silêncio criador. Faça disso a sua meta.

76 Costumamos enaltecer, admirar e elogiar as pessoas ambiciosas que realizaram grandes projetos, conseguiram grandes fortunas e sobressaíram através do sucesso... Por tudo isso, tais pessoas são consideradas exemplos para a sociedade e, de um modo especial, para a juventude, sem que se leve em conta ou se investigue o modo como atingiram os seus objetivos.

Mas minha voz interior me diz:

Existe um menosprezo generalizado pelos valores humanos importantes. Valoriza-se muito mais a obtenção de coisas, de dinheiro, de fortuna, de sucesso do que a aquisição de justiça e de paz no coração.

Com essa norma de vida, percebemos que, na vida social, existe uma febre desenfreada de conseguir coisas, comprar e adquirir tudo aquilo que fornece *status*, tudo aquilo que traz auto-afirmação e uma aparência de ser superior aos outros. Compram-se carros caros e elegantes, constroem-se casas vistosas nos lugares que mais se distinguem com sinais de conforto e elegância, muito mais, porém, para que os outros as admirem do que para uso próprio; luta-se para conseguir postos políticos ou profissionais de prestígio; busca-se, por todos os meios, o elogio público e privado... E tudo isso é feito no sentido da auto-afirmação, para reforçar o "ego" vaidoso que quer e pretende ser sempre superior aos outros, mesmo que, para tanto, seja necessário ferir, ofender e pisotear os direitos alheios.

Enquanto o desejo de posse e domínio for o protagonista na vida das pessoas, teremos assegurado o caos e a luta permanente na sociedade. E enquanto não houver uma transformação pessoal interior, de tal maneira que o desejo de ter e poder ceda diante do desejo de viver aquilo que cada um É em sua essência íntima, acima das pretensões vaidosas e ambiciosas do ego, não haverá paz nem harmonia social.

77 A tendência humana geral consiste em lutar para repelir a dor e o sofrimento e afastar-se deles. Essa parece ser a maneira mais efetiva de eliminá-los e vencê-los...

Mas minha voz interior me diz:

Embora pareça estranho, toda resistência e reação contra a dor tende a fixá-la e a fortalecê-la mais ainda. Quando você a aceita, ela diminui e até desaparece. A rebeldia contra ela centraliza sua atenção num ponto e numa direção. E isso aumenta a sua dor.

Podemos aprender com os animais irracionais. Eles não resistem à dor. Aceitam-na. Não lutam contra ela. Lutam contra aquilo que constitui um perigo à sua sobrevivência. Mas não contra a dor, que consideram uma coisa natural.

O sofrimento não é físico, mas, antes, psicológico. Ele é sempre causado pelos mecanismos psicológicos, principalmente a mente. O ego deseja muitas coisas e sofre pelo temor de não conseguir adquiri-las ou de perdê-las depois de as ter adquirido. A origem do sofrimento são sempre o desejo e o temor. À medida que se intensifica o apego à coisa desejada, intensifica-se também o sofrimento.

Na vida existencial física, são necessárias certas coisas para a subsistência. Mas essas coisas, além de serem poucas, se forem procuradas e perseguidas em virtude do verdadeiro sentido de necessidade, não serão causa de uma busca compulsiva. Quanto menos necessárias forem as coisas que se desejam, mais compulsivo e neurótico se torna esse desejo.

A aceitação e a não-resistência à dor, bem como o reconhecimento da origem dos sofrimentos, constitui o caminho que o libertará desses sofrimentos.

78 Diante das situações sociais de injustiças, atropelos, violações, egoísmos... não há quem não se queixe. Cada pessoa acha que o mal é causado pelos outros, pela sociedade ou por algum indivíduo em particular.

Mas minha voz interior me diz:

Quanto maiores e mais longos são os males, fica evidente que estão recebendo um respaldo maior e estão sendo causados por um maior número de pessoas que os apóia e os produz.

Se você deseja que esses males desapareçam, observe quem é e o que é que, em você, está protestando, e perceba que se trata da mesma pessoa que, em outros momentos, está apoiando e fomentando esses mesmos males.

Toda vez que você não estiver sendo justo consigo mesmo, com um familiar ou com um conhecido ou desconhecido, estará construindo um mundo de injustiças, uma sociedade injusta. Toda vez que você for violento com qualquer pessoa de seu círculo de amizades, e até mesmo com qualquer animal, estará apoiando e criando a violência na sociedade. Toda vez que você for egoísta e utilizar uma outra pessoa para seu bem particular, estará apoiando e cooperando com a exploração social.

Você costuma viver dividido. Há em você uma parte que protesta e deseja um mundo harmônico, e uma outra parte que é injusta em suas atitudes e ações diárias.

Se há desarmonia em você, que é uma pessoa aparentemente consciente da justiça e da injustiça, como você pretende que haja harmonia, justiça e paz na sociedade a que você pertence? Estabeleça, primeiro, a paz, a justiça e a harmonia em sua pequena sociedade individual e familiar, pois você estará, desse modo, construindo um mundo mais justo. Por outro lado, você também deixará, sem dúvida, de se queixar.

79 É muito bonito ver e sentir o amor da amizade. É belo e muito agradável sentir-se amigo de alguém que também nos corresponde com sua amizade. Por outro lado, o verdadeiro amor da amizade talvez seja a expressão mais generosa do amor. É com demasiada facilidade que chamamos a algumas pessoas de "amigas"...

Mas minha voz interior me diz:

Tudo o que é nobre e elevado não costuma ser muito comum. Não encontramos pedras preciosas em qualquer caminho, nem pérolas valiosas em qualquer ostra.

Muitas relações que costumamos chamar de amizades não passam de jogos de entretenimento em que compartilhamos coisas insignificantes, ninharias, momentos passageiros de diversão...

É necessário que estejamos atentos para não nos enganarmos nem confundirmos o autêntico com o espúrio, não confundir o amor sincero e generoso de unidade e interpenetração mútua, de ajuda desinteressada, com o intercâmbio de pequenas coisas, a correspondência de pequenos favores ou o desejo de tirar proveito de certas pessoas ou situações.

Vocês podem entoar cantos poéticos à amizade verdadeira, mas não a confundam com o oculto e dissimulado espírito interesseiro ou o interesse egoísta de tirar proveito e vantagem das pessoas com o nome e a aparência de amizade.

Existem inúmeros jogos com o amor. Quanto mais nobre, elevada, bela e pura é alguma coisa, mais cruel, indigno, vulgar e infame é o ato de desnaturalizá-la, corrompê-la e profaná-la com interesses vulgares e egoístas.

80 Dizia alguém: se me tratam bem, estou à inteira disposição, mas pela força nada me tiram. Em outras palavras: se os outros são bons comigo, também sou bom com eles, mas, caso contrário, serei como eles.

Mas minha voz interior me diz:

A lei do talião foi abolida e superada pela lei da compreensão e do amor.

Além disso, por que não se invertem os termos? Por que não se é bom para que os outros sejam bons? Você não sabe que os outros são exatamente aquilo que você é?

Você se queixa quando é bom e os outros não correspondem com a mesma bondade. Mas essa pretensa bondade brota de seu interior, é constante e habitual ou, ao contrário, é apenas aparente, uma máscara, momentânea e inconstante?

Se você é egoísta e interesseiro em suas ações, em seu pensar e em sua filosofia de vida, se você é mal-humorado, impaciente, exigente, déspota, indolente, indeciso, desordenado, inconstante, etc., é exatamente isso que você provoca ao seu redor.

Não espere que os outros se comportem de um modo ou de outro para que, então, você corresponda da mesma forma. Faça com que o seu modo de ser e de agir leve os outros a serem como você acha que devem ser.

Não se consegue isso sendo bom num determinado momento, com ações esporádicas e isoladas, mas com um modo constante de agir retamente, sabendo que a vida é justa e sempre dá o troco com rigorosa justiça. Não exija antes de dar. Não exija correspondência, se você não tomar a iniciativa.

81 Num livro sobre ascetismo cristão, lemos: quanto mais estive entre os homens, menos homem me tornei. Isso se parece com o que se costuma dizer: quanto mais conheço os homens, mais amo o meu cachorro.

Mas minha voz interior me diz:

O contato humano, a relação humana é e deve ser uma oportunidade de realização pessoal e crescimento da consciência de si mesmo. Não o é ou não costuma sê-lo porque a atitude que se adota na relação não é tão correta quanto deveria ser.

Por um lado, a relação humana é a ocasião para desenvolver minhas potencialidades através da expressão. Isso ocorre quando a expressão é espontânea e verdadeira. Mas como costumamos viver defendendo uma idéia de nós mesmos ou uma imagem que gostaríamos que os outros tivessem de nós, deixamos de expressar o que somos e sentimos interiormente e expressamos tão-somente aquilo que nos interessa, a fim de perpetuar a imagem que desejamos manter diante dos outros.

Por outro lado, a relação humana possibilita-nos a oportunidade de nos interessarmos pelo outro. Quando você sai de seu "eu-idéia", ou seja, da idéia que você tem de si mesmo e que o escraviza em tudo quanto faz e pensa, você começa a compreender uma outra maneira de se ver, de ver as coisas e os outros. Você também aprende a perceber as qualidades, tanto externas como internas, dos outros, e isso o estimula a exercitá-las em você mesmo.

Há muitas pessoas que gostariam de ajudar os outros e, muitas vezes, o fazem temendo ver seu intento fracassado. E isso ocorre porque a relação não foi suficientemente inteligente, pois a ajuda deve ser levada a cabo de modo que a outra pessoa esteja preparada para aceitá-la e aproveitá-la. Não culpe o outro. Culpe a si mesmo por não estar atento ao seu modo de ajudar. Observe a disposição da outra pessoa e ajude-a no momento e do modo adequado.

82 A maioria das psicoterapias tem gerado e vulgarizado um modo de pensar nas pessoas: faça aquilo de que você mais gosta, não reprima suas tendências e desejos. A tal ponto isso é verdade que se costuma fazer, com freqüência, a seguinte reprovação: Não seja reprimido! Diz-se que a repressão produz personalidades patológicas, doentias...

Mas minha voz interior me diz:

As repressões inconscientes ou subconscientes podem, certamente, levar a estados doentios, patológicos. A solução, porém, não é o descontrole e a liberdade indiscriminada de todos os apetites instintivos, mas, antes, o reconhecimento, de modo bastante consciente, da pulsão desses apetites, sabendo dar a eles o lugar que lhes corresponde, sem querer ignorá-los ou anulá-los; mas sem permitir, tampouco, que se constituam em donos e senhores de nossa vida.

Tornar-se vítima de certas repressões inconscientes, pretensamente moralizantes, é tão errôneo quanto escravizar-se e reduzir-se a uma marionete governada por caprichos instintivos incontrolados.

Quando você tiver uma consciência clara de si mesmo e de suas tendências, percebendo que é você quem as tem e não elas a você, e que é você quem deve dirigir e controlar, consciente e adequadamente, não só suas tendências físico-orgânicas, como também sua mente e sua afetividade, que são os mecanismos que integram sua personalidade, haverá ordem e harmonia em você.

Algumas pessoas se vangloriam de não ser reprimidas e de ser livres em seus instintos e apetites. No fundo e na verdade, porém, são escravas e vítimas do descontrole do seu corpo e da sua mente. Estamos, agora sim, diante de um estado inconsciente patológico.

83 Certa vez, quando eu disse que o melhor conselho é não dar conselhos, alguém me perguntou: E quanto aos meus filhos, também não lhes devo dar conselhos? Eles precisam de minha experiência e devo preveni-los dos perigos da vida.

Mas minha voz interior me diz:

Se você vive na superfície de si mesmo, como é o caso da maioria das pessoas, e se lhe interessam, sobretudo, as formas, as aparências, as normas sociais, os modos de conduta, certamente seus conselhos se dirigirão para esses aspectos da vida de seus filhos. E quando alguém, seja quem for, se intromete e quer impor seu modo de ser e de agir aos outros, esta é uma intromissão injusta e manipuladora, e que não exime os próprios pais.

Se você ama de verdade os seus filhos e deseja o melhor para eles, tendo a intenção de orientá-los para que se tornem honrados, nobres, verdadeiros, trabalhadores, responsáveis pelos seus atos, etc. faça com que se mirem no exemplo de sua própria vida. E se você já faz isso, mas pretende também aconselhá-los, não lhes imponha nada que seja secundário, mas faça com que vejam o que é essencial, tomando consciência de si mesmos e de suas obrigações fundamentais.

Todos os pais que pretenderam impor determinadas formas de conduta aos filhos cedo ou tarde acabaram por perceber, desiludidos, que os filhos, se têm capacidade de ver e decidir por si próprios, seguem o caminho que escolheram. E, se não têm essa capacidade, é porque eles, os pais, a bloquearam, pondo-lhe obstáculos, e impediram, desse modo, que o filho seja ele próprio.

Quando se impõem modos de comportamento, manipula-se e/ou domestica-se; mas não se educa. A educação do comportamento tem um limite elementar. Ir além desse limite implica colocar obstáculos à formação da pessoa.

84 Muitos psicólogos e psiquiatras modernos procuram resolver os traumas e problemas psíquicos humanos, tais como as neuroses, os complexos, os estados anímicos depressivos, etc., por meio da análise racional dos mesmos. Acreditam que, através da mente racional, por meio da associação de idéias ou por outros métodos psicanalíticos, podem resolver os problemas profundos que afligem a alma humana.

Mas minha voz interior me diz:

Você nunca poderá entender o âmago da natureza humana por meio da mente racional. Não se pode entender nem explicar o que é mais pelo que é menos. Você, a sua vida não é apenas o conjunto e a soma dos elementos e fatores físicos e mentais.

Você, seu ser profundo, sua essência básica está além de suas reações automáticas, físico-biológicas e mentais.

Pretender circunscrever-se aos conteúdos mentais e às suas tendências físico-biológicas significa reduzir-se a algo que você, na verdade, não é. Porque você não é a sua personalidade nem o ego que a dirige e mantém. Você não é, tampouco, os seus mecanismos de expressão física, mental ou afetiva.

Sua verdadeira natureza encontra-se num nível superior e muito mais elevado do que suas tendências orgânicas e seus conteúdos mentais e afetivos.

Um psicólogo ou psiquiatra, por meio de métodos científicos e racionais, pode ajudar a harmonizar, compreender e equilibrar certos aspectos de sua personalidade. Mais nada. Para se conhecer, se compreender e se orientar de modo integral e total, você precisa ir além da sua personalidade. Precisa conhecer e sentir sua natureza essencial, a fonte de onde surge e onde tem origem toda expressão e manifestação de sua vida.

85 Muitas pessoas acreditam que, para seguir o caminho da realização interior, é necessário renunciar a todas as coisas materiais e às satisfações normais desta vida. Pensam que, ao se decidirem por esta aventura interior, teriam que abandonar tudo aquilo a que estão acostumadas a viver e desfrutar na vida diária.

Mas minha voz interior me diz:

Para seguir o caminho da sua realização interior, você não precisa abandonar nada. Ao contrário, deve assumir tudo. Não é necessário renunciar a nada. A única coisa que se precisa abandonar e evitar é o apego a tudo. Você pode ter e desfrutar de tudo, desde que evite o apego compulsivo. Não há motivo para deixar de desfrutar até mesmo daquelas coisas consideradas excessivamente materiais: uma boa comida, bebida, certas comodidades, uma autêntica e amorosa relação sexual, etc.

Uma pessoa consciente de sua meta sabe que tudo o que é positivo na vida surge do centro, da realidade profunda de cada um. Não há uma única sensação, um único prazer, uma única ação que não surja daí, do centro, da realidade interior, e a ela, à sua origem devemos retornar.

O erro consiste em que muitas pessoas permanecem ligadas ao prazer transitório de quaisquer sensações ou prazeres do nível material ou psíquico. Aquilo que devia então ser um meio ou caminho para se atingir a própria realidade transforma-se num fim e deixa de cumprir sua finalidade. E, desse modo, essas pessoas jazem adormecidas na satisfação sensual ou psíquica, sem perceber que o prazer do qual estão desfrutando, e no qual estão presas, se transforma na pior de todas as armadilhas. Acreditando satisfazer sua aspiração à felicidade e à plenitude com esses prazeres transitórios, não tardam a cair no tédio, na desilusão e no vazio.

86 Algumas pessoas se questionam acerca da razão de seu mau relacionamento com alguns de seus entes queridos. Isso costuma ser um motivo de desgosto e mal-estar. E elas não sabem como nem por que ocorrem essas desavenças e mal-entendidos.

Mas minha voz interior me diz:

Todos os problemas de um mau relacionamento com os outros residem no mau relacionamento consigo mesmo.

Quando você não tem uma boa compreensão de si, quando não conhece o que você é como realidade essencial e positiva, quando não compreende, e aceita como lógicas as atitudes superficiais e egoístas do seu "ego", que tantas vezes domina a sua vida, tampouco pode aceitar os outros na sua realidade profunda, não aceitando também as atitudes do "eu" pessoal deles, que, como o seu, pretende apenas satisfazer seus desejos egoístas.

Na realidade, os problemas que temos com os outros não são problemas com eles, mas, antes, com as idéias que temos a respeito deles. Da mesma forma, os problemas que os outros têm em relação a nós são fruto de suas idéias a nosso respeito, são problemas relativos às idéias que temos deles. Trata-se de uma eterna luta de opiniões.

Você defende uma idéia a seu respeito. Está identificado com essa idéia e a defende. Mas essa idéia provoca o surgimento de confrontos com as idéias que os outros têm de si mesmos.

Cada pessoa se refugia nessa estrutura mental que tem acerca de si mesma e dos outros e a defende. Como se vê, o erro consiste em acreditar que somos essa idéia. Não somos essa idéia, nem tampouco são os outros a idéia que fazemos deles. Somente quando nos situarmos naquilo que somos e situarmos os outros naquilo que são, haverá um relacionamento cordial e fluido, próprio de pessoas conscientes de si mesmas.

87 Muitas pessoas se sentem distantes de sua realização interior por julgarem tratar-se de um caminho complicado. Ouviram dizer que são necessárias muita prática de Ioga, posturas raras, muitas horas de exercícios de todo tipo... Isso lhes parece, e com razão, algo muito difícil e inacessível.

Mas minha voz interior me diz:

Observa-se, com freqüência, que muitas pessoas que buscam sua realização pessoal escolhem caminhos e métodos extravagantes e exóticos. Muitas permanecem enredadas em tantas e tão raras práticas e exercícios de ioga que se tem a impressão de que teria sido esse o objetivo último de seus esforços.

No mundo ocidental, tem-se confundido a realização espiritual com esse emaranhado de práticas, exercícios e rituais orientais. Qualquer um é mestre de ioga. Por meio de algumas dessas práticas se pode, talvez, conseguir uma certa melhora física ou mental momentânea. Essa melhora, porém, não está de modo algum relacionada com a realização espiritual, que consiste numa transformação interior permanente da totalidade do ser.

Encontrar um alívio para os problemas não é a mesma coisa que solucioná-los. A solução só pode ser encontrada na transformação interior de cada um. E o caminho direto para essa transformação é a investigação constante e perseverante de si mesmo, da natureza do ser real. Essa investigação não requer aquelas inúmeras, raras e exóticas práticas, mas, antes, a pergunta perseverante e sincera: "Quem sou eu?", "O que sou eu?"

Mantenha fixas em sua mente, de manhã à noite, enquanto realiza seus trabalhos e afazeres normais, estas perguntas: "Quem sou?", "Quem é este que está aqui?", "Quem é este que está percebendo?", "Quem é a testemunha de meus próprios pensamentos e ações?" Não é necessário dedicar a isso um tempo longo e especial. Deixe que a pergunta golpeie dentro de você. Quando se insinuar a compreensão da resposta, terá início a solução de seus problemas.

88 Muitos educadores e autores de livros procuram impor e forçar a aceitação de determinadas idéias, de determinados ensinamentos...

Mas minha voz interior me diz:

Você, que está lendo estas linhas, não se sinta submetido nem dominado por elas, nem pelas idéias de qualquer outro livro.

As idéias são da mente. Observe-as com a mente e com a inteligência interior. Observe-as sem o preconceito ou o precondicionamento de outras idéias anteriores. Observe-as com um olhar inocente e limpo. Depois de observá-las, permita que ressoem em você. Seu ser interior, que é Inteligência, verá, com absoluta segurança, o correto ou o incorreto, o verdadeiro ou o falso inerente a elas.

Habitualmente, você vive em sua mente e a partir de sua mente. Ela se assemelha a uma esponja que absorve tudo o que chega até ela. Se em algum momento uma determinada idéia foi fixamente gravada, seja ela correta ou incorreta, ela serve, a partir de então, de pedra de toque ou de árbitro para admitir ou recusar todas as outras idéias que chegarem até você. Entretanto, de uma forma ou de outra, você se encontra subordinado à sua mente, a certas idéias. E lembre-se de que viver a partir da mente significa não viver a partir de você mesmo.

Minhas idéias e as idéias de qualquer outro livro são apenas estímulos ou orientações no sentido de levá-lo a observar e ver por si mesmo. Se você se submete às idéias dos outros, você vê e observa através dos outros.

Não oponha resistência sem mais nem menos. Mas tampouco aceite sem mais nem menos. Observe por si mesmo. Se você aprender a observar por si mesmo, sem preconceitos nem precondicionamentos, perceberá que a capacidade de ver por si mesmo é forte o bastante em você para que não se submeta a nada nem a ninguém. Mas você deve observar a partir de seu interior. Não confunda os termos, acabando por ficar escravo de sua própria cegueira.

89 O medo da morte é, em geral, o medo básico e mais comum entre os seres humanos.

Mas minha voz interior me diz:

A morte somente existe para aqueles que não têm uma consciência clara de si mesmos. A vida é eterna. Mas a vida humana, enquanto humana e não enquanto movimento biológico de matéria, é consciência. A consciência ininterrupta é a vida eterna. Quem vive com uma consciência ininterrupta de si já vive a vida eterna. Para ele, a morte é irrelevante. Trata-se apenas do processo de se desembaraçar do invólucro do corpo físico. Para ele, sua consciência segue seu curso ininterrupto, segue seu curso eterno. A morte consiste apenas no abandono da roupagem do corpo. Por que então temer deixar o corpo, quando o Eu, a consciência que somos, continua existindo de modo invariável e indefectível?

Cristo prometeu o céu ao justo, ao santo. Mas quem é justo e santo? Aquele que é consciente de sua verdadeira natureza e a vive rigorosamente; aquele que vive sua consciência de modo ininterrupto. Por isso, o justo já vive o céu, embora esteja na terra com seu corpo. O justo vive o céu de seu interior, o verdadeiro reino dos céus, porque vive a realidade do que é. Quando abandona o corpo, o gozo desse céu se dá sem nuvens, sem a limitação do corpo. A consciência passa a estar totalmente liberta de ataduras. Vê e vive o que É, cara a cara, sem o espelho enganoso e obscuro do seu corpo.

Você quer deixar de ter medo da morte? Seja consciente de si mesmo. Viva a sua consciência de modo ininterrupto. Esse é o seu céu.

Só teme a morte aquele que se identifica com o próprio corpo. Mas você não é o seu corpo.

90 Algumas pessoas se perguntam: o que é, na realidade, a morte? O que é que realmente morre?

Mas minha voz interior me diz:

Morte é uma palavra que indica ou significa o término ou fim de alguma coisa.

Cada noite, quando você entra no sono profundo, sem sonhos, sua consciência se paralisa. A consciência permanece sem atividade. Pelo fato de sua realidade íntima ser uma energia consciente, poder-se-ia dizer que, a cada noite, você permanece parcialmente morto. A energia continua mantendo o corpo com suas operações orgânicas automáticas. Mas a consciência, aquilo que o caracteriza como ser humano, permanece inativa. Sua mente, um mecanismo da consciência, logicamente também permanece paralisada, com todas as demais operações concomitantes.

Estamos de tal modo acostumados a viver na dependência da atividade da mente e da consciência que temos medo de perder a consciência de nós mesmos. É como se o movimento mental e a vida fossem a mesma coisa. Mas não é esse o caso. Porque além da mente e da atividade da consciência há uma outra coisa: a realidade do Eu profundo, que continua mantendo a totalidade da estrutura de nosso ser.

Se você se conscientizasse, de modo claro, de que a morte não representa a perda do seu Eu, mas, antes, o término da influência da energia do eu na estrutura físico-orgânica, veria que Você, enquanto princípio vital e origem de todas as suas atividades, não morre. A matéria que estava vivificada pelo princípio vital, perde sua organização como órgãos de um corpo. Mas a sua realidade verdadeira continua existindo em outra dimensão. Na dimensão atual, o corpo nos dá algumas satisfações, mas também dores e aflições. E o ego é o causador de todos os nossos sofrimentos. Com a morte, o corpo e o ego desaparecem, ao passo que Você continua vivendo.

91 Na vida moderna, tudo é posto no seguro: as casas, os carros, a vida, a velhice... Busca-se, acima de tudo, a segurança. Instalam-se alarmes nas casas, nos carros, nas firmas, nos estabelecimentos comerciais... Envidam-se esforços para se conseguir uma certa segurança econômica...

Mas minha voz interior me diz:

Todas essas seguranças são muito relativas e falíveis. Todos os esforços para se obter segurança baseiam-se na insegurança. Apesar de todos os seguros e de todos os artifícios de segurança, as pessoas vivem inseguras, ansiosas e com muito pouco prazer.

Você precisa compreender que a segurança máxima reside na insegurança total. Enquanto você buscar seguranças exteriores, não estará confiando na única e verdadeira segurança.

A segurança máxima reside na confiança em Você mesmo e naquele que vive em Você, o ABSOLUTO.

Ao preferir assegurar-se por si mesmo, você perde a segurança indefectível. Mas ninguém poderá perceber e entender essa segurança máxima se não conhecer e sentir viva a fonte de onde jorra tal segurança.

Você está acostumado a sentir-se pobre e desvalido pelo fato de viver a partir do que há de mais débil e frágil em você, a saber, suas capacidades físicas e mentais. Abandonado a essas potencialidades limitadas, você também se sente limitado. Mas se você entrar verdadeiramente em contato com o seu âmago, onde se encontra O Absoluto, que o anima e sustenta, jamais se sentirá desvalido e inseguro, porque sentirá que é o próprio poder.

92 Fala-se amiúde do crescimento humano ou espiritual da pessoa. E tem-se a impressão de que crescer consiste em adquirir virtudes, aperfeiçoar determinadas qualidades, etc.

Mas minha voz interior me diz:

Você já é, no presente, tudo aquilo que você pode chegar a ser enquanto pessoa. Você pode adquirir conhecimentos acerca de diversos assuntos, pode exercitar determinadas qualidades, pode adquirir certas habilidades... Mas tudo é possível porque a potencialidade já estava em você. Essa potencialidade se atualiza, se manifesta, num determinado momento, em atos externos. Mas quando essa potencialidade se atualiza, você não é mais do que já era antes.

Um aparente mendigo que tenha guardado uma enorme riqueza, enquanto não mostrar sua fortuna, continuará parecendo um mendigo. Contudo, mesmo que continue a não mostrá-la ou aplicá-la, ele é rico. Pode até mesmo dar-se o caso de vir a morrer de miséria pelo fato de não utilizar seu dinheiro para sobreviver, e não poderemos negar que ele era rico, embora tivesse morrido como um pobre mendigo.

Você já é rico. Você tem tudo aquilo que pode vir a desejar. Você só precisa conhecer e expressar tudo o que você é. A existência humana é uma permanente manifestação, uma experiência diária e um crescimento progressivo da consciência.

Você não cresce como pessoa. O que na verdade cresce em você é a consciência do que você é. Quando a sua consciência acerca da sua realidade verdadeira se torna mais clara e mais ampla, sua vida vai-se transformando. De egoísta, você passa a ser generoso. De intransigente, compreensivo. De duro e cruel, suave e amável. De impaciente, paciente, etc., etc.

As virtudes e qualidades são o fruto e a manifestação da maior clareza e amplitude de consciência. Qualquer melhora de conduta que não seja fruto de uma amplitude da consciência, mas sim do temor, da imposição autoritária, da conveniência social... é um crescimento instável e inautêntico.

93 Às vezes, sentimo-nos desorientados na vida, sem conseguir nos situar no mundo ou no ambiente em que vivemos. Não sabemos bem qual é o nosso lugar nele. E tampouco sabemos relacionar-nos adequadamente com o mundo que nos rodeia. Surgem, por isso, muitos problemas de relacionamento que desejaríamos que não existissem.

Mas minha voz interior me diz:

Enquanto você não se situar no centro de si mesmo, andará sem rumo. Ao contrário, quando você o fizer, sentir-se-á no centro do universo.

Todas as coisas adquirem um sentido claro e novo quando você as observa a partir do seu centro. Porque você então percebe que não está no Universo ou no mundo, mas, antes, que o Universo e o mundo estão em você, na sua consciência. Se não estiver na sua consciência, o Universo não é nada; ele é, para você, a mesma coisa que um zero. Contudo, para que cada coisa do Universo tenha um sentido correto, você não deve observá-la a partir da sua mente, com uma determinada ideologia, nem, tampouco, a partir de seus sentidos e apreciações exteriores, mas a partir do seu centro, a partir de onde você vê e observa sem nenhum condicionamento.

Você pode sentir que você é o centro de uma grande esfera, que é o Universo. Mas quando você observa o Universo a partir de seu centro, percebe que você é não só o centro mas também a esfera, uma vez que o Universo existe para você enquanto está em sua consciência.

Se você sabe situar-se no centro de si mesmo, não haverá nenhuma dificuldade no seu relacionamento com nada nem com ninguém do Universo, porque cada coisa estará no seu lugar e, acima de tudo, você mesmo estará no seu lugar.

94 Aquele que busca conhecer a si mesmo recebe muitos conselhos acerca do que deve ou não deve fazer. E, às vezes, confunde-se o conhecimento de si mesmo com o conhecimento do modo como, habitualmente, nos comportamos.

Mas minha voz interior me diz:

Você nunca se conhecerá profundamente apenas pensando em si, em sua vida. Você nunca se conhecerá fazendo alguma coisa ou esforçando-se em alguma coisa. Você só se conhecerá, saberá quem você é no fundo de si mesmo, quando se tornar o observador e a testemunha de seus pensamentos, de suas ações, de suas percepções. Quando compreender quem é aquele que observa, aquele que pensa, aquele que faz... Quando se tornar a testemunha imóvel de tudo o que ocorre em você e fora de você, quando se tornar, não o objeto de seu próprio conhecimento, mas o sujeito-testemunha puro, então você poderá sentir-se, ser você mesmo.

Para conhecer e sentir o que você é, não é necessário fazer muitas coisas. Você deve, justamente alcançar a não-ação. Você deve-se instalar na atitude de simples testemunha inocente, livre de condicionamentos, livre de qualificações, livre de juízos.

Quando conseguir tornar-se testemunha da não-ação, poderá também tornar-se testemunha na ação. Você terá então a garantia de que é você quem atua, quem pensa e quem vive. E essa é a coisa mais gratificante que você pode encontrar na vida: sentir-se como você em tudo.

Preciso dizer-lhe, uma vez mais, que o mais importante em sua vida consiste em se conhecer, em se compreender, em sentir-se como você mesmo?

As palavras ficam paralisadas na minha mente e nos dedos de minhas mãos ao escrever isto: o que vem em primeiro lugar e que é absolutamente o mais importante na sua vida é conhecer-se, é saber QUEM VOCÊ É. Isso basta.

95 Fala-se, em termos religiosos, das excelências da virtude da esperança. Algumas pessoas chegam a dizer que a esperança é o que sustenta suas vidas...

Mas minha voz interior me diz:

Aquele que necessita viver de esperanças não conseguiu ainda ver e sentir sua Realidade presente.

Essas pessoas aprenderam que a esperança é uma virtude excelente. Chegou até mesmo a ser considerada uma virtude teologal, isto é, uma virtude que, como se supõe, refere-se a Deus ou, o que é a mesma coisa, através da qual se espera chegar a Deus.

Mas minha voz interior mais uma vez lhe diz que aquilo que se possui não pode ser esperado no futuro, porque você já o tem no presente. Deus está presente em todo aquele que quer vê-lo, senti-lo e vivê-lo em si mesmo. Porventura Ele não disse que vive em cada um dos homens? Se acreditassem no que Deus lhes disse de sua presença em vocês, não teriam necessidade de acreditar nos ensinamentos humanos, que o apresentam distante e afastado de vocês, para "esperar" alcançá-lo, com muitas dificuldades, depois desta vida terrena.

E, quanto à esperança humana, digo-lhe que quem vive de esperança procura viver do futuro. E, ao viver do futuro, deixa de viver a única coisa que tem, o presente.

Não há nenhuma outra realidade senão a presente, que vai se projetando, a cada segundo, na direção do infinito. Mas tudo o que você pode pensar sobre o que será no futuro, você já o é neste instante presente. Você já é a plenitude. Viva-a. Por que esperar vivê-la no futuro? Tudo já está em você. Não escamoteie a sua Realidade por detrás de esperanças vãs. Deixe de esperar o futuro incerto e viva a Realidade fecunda, prazerosa, amorosa e feliz que você JÁ É, agora.

96 Todos queremos ser livres. E quando reduzem a nossa liberdade surgem os naturais protestos, porque ninguém quer permanecer submisso, ninguém quer viver governado por outrem.

Mas minha voz interior me diz:

Enquanto você não se libertar de sua personalidade e de todas as coisas que a acompanham por acréscimo, sentirá a angústia amarga da escravidão e da dependência.

Em sua vida diária, você está sempre dependendo de sua personalidade e das exigências que ela lhe faz. Você toma um cuidado extremo para não ser malvisto, para que todos aqueles que o rodeiam tenham uma boa imagem de você. Vive sempre preocupado em defender "sua honra, sua respeitabilidade, seu nome" e todas essas coisas com as quais se identifica.

Você precisa admitir que é um escravo de seu orgulho e prestígio pessoal. Qualquer alfinetada que o seu bom nome venha a receber o preocupa e entristece. Você vive tenso, procurando sempre manter uma determinada postura, esforçando-se por não parecer ridículo e não ser malvisto pelos outros. Fala e pensa o tempo todo a seu respeito, dando contínuas voltas ao redor de suas pretensas qualidades e atributos pessoais.

Todos os artifícios e artimanhas que você amiúde utiliza para manter esse suposto prestígio que tanto o preocupa constituem outros tantos fios que o escravizam a essa pretensa personalidade que você procura defender com tanto empenho.

Liberte-se. Mas livre-se das amarras da vaidade superficial da sua personalidade, nas quais você está enredado, de modo sutil mas efetivo. Trata-se de uma escravidão que não costuma ser admitida. Mas é tão real e opressora quanto as demais.

97 Dizemos, com freqüência, que precisamos conhecer-nos, que precisamos buscar o nosso verdadeiro "eu"...
Mas minha voz interior me diz:

Você precisa, sem dúvida, saber quem você é. Não se esqueça, contudo, de que aquele que busca é aquele que é buscado.

Quem sou eu? Quem é aquele que busca e o que ele busca? Um "eu" que busca um outro "eu"? Um eu que busca a si mesmo? Trata-se, porventura, de um "eu" brincando de esconde-esconde com um outro "eu" ou, talvez, consigo mesmo?

O "eu" é o sujeito da busca. No entanto, ao contrário do que ocorre em todas as demais buscas, não há, aqui, objeto. O "eu" que se procura não é "objeto". O "eu" sujeito toma consciência de si mesmo. Percebe que ele é o conhecedor, a testemunha de tudo o que ocorre dentro e fora, na própria consciência e o que a consciência vê e percebe no exterior.

Quando alguém conhece a sua própria identidade, não pode expressar verbalmente o que ela é, porque as coisas, quanto mais sutis e elevadas são, menos podem ser expressas com palavras, como ocorre com o amor. Por mais belas e expressivas que sejam, jamais se poderá expressar um sentimento de amor, quando este é profundo e autêntico.

Cada pessoa poderá sentir a essência da sua identidade, mas nunca poderá expressá-la com palavras adequadas. Vem daí a dificuldade que sente para formulá-la. Mas cada pessoa pode e deve procurar sentir o que ela própria é, não só como um modo de expressão, mas na sua realidade essencial.

Quem você é? O que você é? Observe, intua e sinta. Não são necessários muitos conhecimentos. Basta a vontade firme de fazê-lo.

98 É evidente a falta de entendimento compreensivo que notamos em muitas discussões. As pessoas têm dificuldades para se entender nas conversações. Cada uma expõe suas idéias, seu pensamento, sem "escutar" as idéias das outras. Cada uma se fixa obcecadamente e se imbeciliza em suas próprias idéias, incapacitada de ver e compreender qualquer outra posição diferente da sua.

Mas minha voz interior me diz:

Para compreender alguma coisa é preciso, antes de tudo, ter vontade e colocar toda a atenção naquilo que se pretende compreender.

Nas conversações correntes, tem-se muito mais um desejo de expressar o que se pensa do que de compreender o que o outro nos está dizendo. Por isso, ao invés de diálogos, as conversações costumam ser uma seqüência de monólogos. Quando uma pessoa está falando, a outra se encontra muito mais voltada para o que ela própria pensa e pretende expor do que para aquilo que o seu interlocutor está expondo. Assim, não há comunicação recíproca, mas uma exposição unilateral por parte de cada uma. Elas se ouvem, porém não se escutam. Desse modo, as razões expostas por uma não podem ser aceitas nem entendidas pela outra, pois elas nem mesmo se escutam. E não se escutam porque cada uma se encontra encerrada em seu próprio pensamento e modo de ver.

Ainda que para algumas pessoas possa parecer paradoxal, o fato é que, quando escutamos não devemos pensar, pois o ato de pensar impede o ato de ver. Para ver e entender, a mente precisa estar receptiva, e não pensativa e perdida em elucubrações. Porque a ação de pensar impede a ação de ver nitidamente, uma vez que todo juízo ou pensamento precondiciona a mente, impedindo-a de ver de modo objetivo.

Saber escutar e ver é um requisito básico para compreender. E a compreensão é indispensável a uma correta intercomunicação.

99 Costumam-se ditar muitas normas no sentido de sermos complacentes e agradáveis com as pessoas com as quais convivemos.

Mas minha voz interior me diz:

Habitualmente, você vive em função dos outros. Pensa, age e, diariamente, toma atitudes como se tivesse de prestar contas aos demais de tudo quanto você faz e pensa... Existe, no fundo, um desejo de estar de bem com os outros. Para tanto, você sacrifica sua espontaneidade e liberdade originais. Trata-se de um preço muito elevado que você paga para ser bem-aceito e prestigiado na sociedade.

Quando é que você vai decidir-se a viver em função de si mesmo? Algumas pessoas podem achar que essa atitude é egoísta. Mas não é. É nesse exato momento, em que você vive em função de seu verdadeiro "eu", e não em função de seu egolátrico ego, que você verá e tratará os outros com verdadeira generosidade. Porque seu "eu" verdadeiro é puro amor e generosidade.

Se todo o esforço que você despende para agradar às pessoas que vivem ao seu lado fosse aplicado em viver autenticamente sua espontaneidade original e profunda, você não precisaria permanecer em tensão e vigilância constantes para estar de bem e ser bem-aceito.

É possível que, para ser autenticamente generoso, você tenha de parecer egoísta aos olhos dos outros. Mas não se esqueça de que é melhor ser do que parecer. O que habitualmente predomina no mundo não são, exatamente, a veracidade e a autenticidade. Mas aquele que procura seguir o caminho da verdade de si mesmo deve prescindir do que os outros fazem, pensam e sentem para seguir suas autênticas necessidades interiores.

100 É comum que, em relação a algumas pessoas com que costumamos relacionar-nos com maior freqüência, formemos uma imagem de como desejamos ou gostaríamos que fossem. Quando elas se ajustam a essa imagem, dizemos que são boas, e vice-versa. Tendemos a compará-las com a imagem que formamos delas.

Mas minha voz interior me diz:

Você costuma, ou pelo menos tenta, usar as pessoas que habitualmente vivem ao seu lado, para que o ajudem a manter o personagem ou a idéia que você formou de si mesmo. De acordo com essa idéia, ou com o personagem que você quer representar, você procura averiguar de que modo as pessoas que o cercam podem ajudá-lo a mantê-lo.

Quando você possui uma idéia muito elevada de si mesmo e se considera muito sábio (sempre no nível da personalidade), você sente a necessidade de que as pessoas que o cercam favoreçam ou apóiem essa idéia. E quando fizerem ou disserem alguma coisa que contradiga essa idéia, essas pessoas serão consideradas más e você lhes atribuirá, provavelmente, o mesmo defeito que existe em você.

O mais grave, nesses casos, é que, quando você forma a imagem de uma pessoa tal como deseja que ela seja, no momento em que você se relaciona com ela, você não está de fato relacionando-se com ela, mas, antes, com a imagem que formou dela. Você faz exatamente a mesma coisa que costuma fazer consigo mesmo. Não costuma ver-se e tratar-se tal como você é, mas, sim, segundo a imagem que você faz de si mesmo ou aquela que desejaria ter, a imagem que retrata aquilo que você gostaria de ser. Trata-se de uma imagem ideal. No entanto, ao contrário do que se costuma pensar, quanto mais você se esforça para se identificar com essa imagem, mais você se afasta da sua realidade, daquilo que você realmente é e deve ser.

101 Muitas vezes nos disseram: você não está presente onde você está; você precisa estar onde você está.

Mas minha voz interior me diz:

É importante estar presente onde estamos. Mas é muito mais importante estar presente naquilo que somos.

Cometemos, sem dúvida, muitos erros e muitas faltas por não estarmos presentes onde estamos. O grande erro da vida, porém, consiste em viver, habitualmente, sem estar presentes naquele que vive, naquele que age, no centro de nós mesmos, que é o centro de toda ação e de todo o viver, que é Nós mesmos.

Costumamos viver à deriva, sem saber onde estamos, sem saber quem é o piloto do nosso barco, do barco da nossa vida. Talvez percebamos que estamos navegando, mas não sabemos em que mãos estamos e nem quem está encarregado do timão.

Costumamos viver de acordo com as circunstâncias, com os vaivéns favoráveis ou desfavoráveis, agradáveis ou desagradáveis da existência.

Investigue para saber quem move suas mãos e seus pés, quem agita e conduz sua mente, quem governa seus afetos e sentimentos, quem vai preenchendo sua mente de idéias peregrinas...

Se você for sincero, verá que quase tudo o que faz, pensa, sente e deseja é provocado, suscitado e gerado por algo ou por alguém que não é Você, que não é o seu centro.

Esteja presente onde você estiver. Mas esteja muito mais presente em quem você é naquele que age e vive. Esteja presente em você.

102 Muitas lágrimas, tristezas e lamentos existem no mundo pelo fato de as pessoas se sentirem abandonadas.

Mas minha voz interior me diz:

Você, o seu "eu" verdadeiro, jamais está abandonado, e nem pode estar. Quando você tem a sensação de estar abandonado, não se trata de você. Trata-se do seu falso "eu", a idéia que você faz de si mesmo, aquele que sempre deseja ser o protagonista e estar no centro da atenção dos que o rodeiam, é esse que se sente, na verdade, abandonado ou esquecido.

Se você não vivesse dependendo tanto dos outros e permanecesse, ao contrário, muito mais na plenitude de si mesmo, jamais sentiria solidão ou abandono. Você é Plenitude e, se viver a plenitude que você é, nada nem ninguém lhe fará falta. Por que, sendo plenitude, você se sente vazio? Abandone a sua imagem. Abandone toda idéia falsa sobre você. Deixe de viver a partir da periferia de si mesmo e não sentirá nenhum abandono.

Sempre que você sentir o abandono batendo à porta da sua atenção pedindo esmolas, pense que se trata de um apelo muito mais profundo e importante. Sua plenitude quer preenchê-lo, mas você busca e quer ser preenchido com ninharias e consolos triviais e momentâneos.

É lamentável você querer preencher o vazio, que deve ser preenchido pela sua própria plenitude, com passatempos e diversões superficiais que acabarão por deixar-lhe o mesmo vazio, com a conseqüente frustração.

Se você estivesse atento à Vida que há em você, compreenderia que esse sentimento de vazio ou abandono é um chamado de atenção, a fim de que você ponha as coisas em seu devido lugar e busque a solução onde ela deve ser buscada, ou seja, em Você mesmo.

103 Muitas pessoas se sentem orgulhosas com uma determinada profissão, um cargo ou um título. Se alguém faz pouco caso desse cargo ou título, sentem-se ofendidas.

Mas minha voz interior me diz:

Quando você não tem a pretensão de ser alguma coisa em especial, poderá sentir, com prazer, que você é Tudo. E quando tiver a sensação de ser Tudo, não aspirará a ser coisa alguma.

Quando se descobrir sem nenhuma relação com o que quer que seja, descobrirá sua verdadeira identidade e perceberá que, diante disso, tudo o mais parece trivial, insubstancial, sem importância.

Quando você descobre sua verdadeira identidade, o que é sempre idêntico em você, aquilo que você sempre é e nunca deixou de ser, esse eixo ao redor do qual tudo funciona, tanto o que é interior a você como aquilo que você considera exterior, então tudo o mais a que você agora dá tanta importância, como os títulos, o cargo, a profissão, o valor pessoal e todas essas coisas de que as pessoas costumam vangloriar-se, não terá, a seus olhos, nenhuma importância nem valor algum, quando comparado com o que você é em sua realidade interior.

Toda vez que você se vangloria dessas coisas acrescentadas à sua identidade e que são acidentais, circunstanciais, coisas que você adquiriu mas que poderia deixar de possuir sem deixar de ser você mesmo, você se assemelha àquelas mulheres que se pavoneiam com seus cílios postiços, suas falsas cabeleiras ruivas e tantas outras coisas postiças, sendo tudo isso falso, artificial, estranho a elas.

Para que você se apóia naquilo que você não é se você é muito mais do que pode desejar e pensar?

104 A maioria das pessoas, por não se conhecer no fundo de si mesmas, costuma confundir sua realidade profunda com seu comportamento diário.

Mas minha voz interior me diz:

Você não é o seu comportamento. Você é uma realidade positiva, fecunda, amorosa, inteligente. Mas o seu comportamento não costuma ser a expressão dessa realidade profunda que você é. Por isso, ao se comportar às vezes nesciamente, você se chama de idiota, de néscio. E acaba convencendo-se de que você é isso. E forma essa imagem a seu respeito. Mas, por não estar satisfeito com essa imagem, que julga ser a sua realidade, você quer mudá-la, e acaba formando uma imagem ideal de si mesmo: aquilo que você quer chegar a ser.

Enquanto não escapar de seu erro, vendo que não é nem o que acredita ser nem o que quer chegar a ser, você não estará no bom caminho de si mesmo. O caminho não é senão um só: abandonar a imagem que você tem de si, ou aquela que você quer chegar a ser, e, em troca, ver e sentir sua verdadeira realidade, que é muito mais elevada que tudo aquilo que você procura imaginar. Quando você puser de lado o que você não é, chegará ao que você é.

Enquanto viver por detrás de uma imagem de si mesmo, você estará sempre na dependência de defendê-la a todo custo. E a sua vida será uma sucessão de desejos e temores. Você estará desejando adquirir o que satisfaça a sua imagem e estará temendo tudo aquilo que possa ofendê-la ou destruí-la.

O que você é na vida diária, seu comportamento diário não é a sua realidade verdadeira, aquilo que você é bem no fundo de si mesmo.

Sua realidade profunda supera em bondade e positividade tudo quanto você acredita ser e quer chegar a ser.

105 A relação que temos com os outros costuma ser a origem de muitos conflitos. É difícil saber por que a relação é tolerável ou boa com algumas pessoas e má com outras. Ou também por que a relação é boa em alguns momentos ou circunstâncias com uma pessoa e, em outros momentos, se transforma, tornando-se muito difícil. Costumamos pensar que isso se deve ao fato de que algumas pessoas são boas, ao passo que outras não o são. Ou de que, às vezes, uma pessoa é boa e, outras vezes, não o é.

Mas minha voz interior me diz:

Se você se observar bem, notará que vê, avalia e aceita os outros tal como você vê e avalia a si mesmo. O que você não admite nos outros é exatamente aquilo que você não admite em si mesmo. Muitas pessoas terão dificuldade em aceitar o que eu estou dizendo porque pensam que, se rejeitam ou desprezam alguém que consideram orgulhoso ou mentiroso, é porque elas mesmas são orgulhosas ou mentirosas. Se se observarem bem a fundo e com sinceridade, sem nada justificar, verão que esses mesmos defeitos se encontram mais ou menos ocultos e disfarçados, ou, em último caso, reprimidos inconscientemente, porém de modo algum superados.

Você costuma avaliar as pessoas segundo a medida de seus desejos ou de suas aversões. Quanto mais aversão ou menosprezo você sente por uma pessoa, tanto mais profundamente escondido em você mesmo se encontra isso que você critica nessa pessoa. Não estou dizendo que a sua vida seja uma manifestação clara e aberta desse defeito, mas, antes, que ele se encontra abrigado, escondido, porém vivo em você. Pode ser que, na vida prática ou diária, esse defeito não seja algo evidente em sua vida, mas, com toda certeza, esse defeito está vivo dentro de você, pois não foi superado.

Observe-se com atenção. Se, neste momento, você diz: isso é absurdo, isso não acontece comigo, eu o convido a observar-se e a fazer uma análise detalhada e muito sincera de si mesmo. Se você não consegue perceber isso neste momento, continue observando-se, diariamente.

106 É triste comprovar que muitas pessoas consideram o trabalho diário como um aborrecimento. E o executam com negligência e má vontade.

Mas minha voz interior me diz:

Quando você viver em profundidade, isto é, quando perceber que toda ação que sai das suas mãos ou da sua mente tem origem no seu próprio âmago, naquilo que você tem de divino, descobrirá que a cada instante você é um criador, a cada instante você está criando alguma coisa.

O ponto criativo, o momento de criar ocorre no instante em que se dá o contato entre o relativo e o Absoluto, entre a mente humana e o Absoluto que todos somos no íntimo de nós mesmos. Todo ato, por mais trivial que possa parecer, é ou pode ser criador. É necessário apenas que o executemos a partir do que há de melhor em nós mesmos. Não são apenas as grandes criações artísticas que são atos criativos. Os atos cotidianos também podem sê-lo e, de fato, o são naqueles que, conscientemente, entram em contato com O Absoluto que vive no interior de cada um de nós.

Qualquer ato criativo humano é uma fonte de prazer, e não de aborrecimento, pois esses atos são sempre uma aproximação, em níveis inferiores, da personalidade em relação ao Absoluto.

Nas mãos de cada pessoa se encontra o poder de fazer com que sua vida se transforme numa série ininterrupta de atos criativos prazerosos. Para tanto, é necessário apenas que, conscientemente, a pessoa se sinta um instrumento e um colaborador do Absoluto.

Beethoven SENTIA que suas obras procediam da Divindade. Mas a mulher que cozinha em sua casa, o trabalhador humilde ou qualquer pessoa no seu trabalho diário também pode percebê-lo e senti-lo, porque essa é a realidade.

107 Gastam-se esforços e dinheiro para melhorar a imagem dos políticos, dos artistas e até de simples cidadãos. *Mas minha voz interior me diz:*

Se em vez de falsearem e se preocuparem tanto em parecer algo ou em fornecer uma determinada imagem se esforçassem em ser o que interiormente são, o que autenticamente são em sua verdadeira realidade, o resultado seria muito mais positivo, mais eficaz e mais permanente. E, acima de tudo, não precisariam mostrar-se com a mentira da máscara e da imagem colorida que pretendem exibir.

Sem dúvida, para se fornecer a imagem do que se é na realidade íntima e profunda, é necessário vivê-lo, e não se pode improvisar. Sem dúvida, fornecer a verdadeira imagem daquilo que se é requer tempo e esforço, pois é necessário desfazer-se de todas as falsidades com que se costuma viver e, para tanto, precisa-se de muito valor, muita sinceridade e muita honradez. Mas vale a pena.

O esforço para se mostrar uma boa imagem constitui, além do mais, um insulto às pessoas diante das quais tal imagem é apresentada, visto que essas pessoas são consideradas superficiais, vítimas fáceis da mentira e do engano. Cada pessoa julga as demais tal como ela própria é. Quem vive de aparências e superficialidades também considera superficiais e ingênuos aqueles a quem pretende enganar com a imagem que procura fornecer.

A ignorância das pessoas quanto à sua autêntica realidade é a causa de tantas hipocrisias, falsidades e infantilidades que as fazem querer passar por pessoas importantes e de grande personalidade. Do sublime ao ridículo... é só um passo.

108 Muitas pessoas que estão tentando percorrer o caminho espiritual e do seu melhoramento interior sofrem e se lamentam porque sentem que não conseguem avançar o suficiente. Vêem, a cada dia, que seus defeitos continuam iguais ou até maiores que no dia anterior. E isso lhes causa tristeza e fastio, e até mesmo desespero.

Mas minha voz interior me diz:

Todos os seus defeitos, toda a sua imperfeição, observados a partir de seu estado imperfeito, a partir de seu nível inferior de desenvolvimento, se tornam um autêntico fastio e tormento porque o seu "ego", senhor e dono de sua imperfeição, impulsionado pela vaidade e autocomplacência, se sente contrariado e humilhado por não se achar perfeito.

Mas esses mesmos defeitos, essa mesma imperfeição, observados a partir da Plenitude, a partir do nível de sua consciência, desperta e desenvolvida, são vistos como algo normal e natural, próprios de sua personalidade imperfeita e naturalmente limitada. A pessoa desenvolvida não sente estranheza diante dos defeitos dos outros e dos seus próprios defeitos. Ela sabe que a personalidade é a roupa com que vivemos a existência encarnada que nesta vida estamos manejando e sabe também que a limitação e a imperfeição são próprias de sua natureza.

Se você tiver plena consciência de si, verá e considerará tanto as suas imperfeições e a sua personalidade como o "ego", que é o seu dono e as sustenta tal qual realmente são, a saber, como autênticos anões exigentes que têm a pretensão de ser gigantes.

É claro. As pessoas desenvolvidas são compreensivas e pacientes tanto com os próprios defeitos quanto com os defeitos alheios. As pessoas que se encontram num nível elementar e inferior de seu desenvolvimento, ao contrário, são exigentes e pouco compreensivas consigo mesmas, assim como com os demais.

109 Diante dos sofrimentos alheios, algumas pessoas, cheias de boa vontade, procuram consolar seus amigos e conhecidos ao vê-los atravessar situações dolorosas. A boa intenção consegue, em alguns casos, mitigar o sofrimento alheio. Já em muitos outros casos, os amigos constatam, com tristeza, sua própria impotência em consolar aquele que sofre. Não sabem o que fazer.

Mas minha voz interior me diz:

Quando uma pessoa sonha que se encontra numa situação desesperada e seu sonho continua a atormentá-la com um pesadelo após outro, você pode, para ajudá-la, optar por um destes dois caminhos: por um lado, pode falar com ela dentro do seu sonho, procurando consolá-la e até mesmo dizendo-lhe que se trata de um sonho e que ela não deve permitir que esse pesadelo que ela está tendo a atormente; por outro lado, você pode despertá-la de seu sonho e, então, o pesadelo desaparecerá, bem como o tormento por ele causado.

Quando você quer consolar pessoas que vivem "adormecidas" num certo nível de consciência, não lhes pode dar muitas razões para que não sofram. A única solução consiste em despertá-las de seu sono ou, o que é a mesma coisa, em levá-las a superar o nível de consciência em que estão vivendo.

Por outro lado, quando uma pessoa viveu demasiadamente fixa e "adormecida" num certo nível de desenvolvimento, não é fácil para ela despertar repentinamente de seu estado, a menos que tenha, anteriormente, desejado e procurado despertar.

Todos os sofrimentos que recebemos na vida têm um caráter didático. Mas nem todos sabem extrair a lição que a Vida nos pretende fornecer por meio desse sofrimento.

Cada dia da nossa vida é uma oportunidade para aprender e nos preparar para saber entender o agradável e o desagradável, o alegre e o triste, porque tudo isso, em última análise, é para o nosso bem.

110 Muitas pessoas vivem no passado. É como se a vida para elas tivesse parado, pois procuram detê-la nas recordações do passado. Por várias vezes trazem à memória e revivem fatos, vivências e acontecimentos. Sentem prazer nisso e, embora possa parecer incrível, também chegam a sofrer, de modo masoquista. Sua vida é uma eterna memória do passado. Angustiam-se, alegram-se, compadecem-se de si mesmas, arrependem-se, autojustificam-se, defendem-se e acusam-se repetidamente. Mas, de modo paradoxal, cometem hoje os mesmos erros de ontem, porque, vivendo no passado, nada aprenderam dele.

Mas minha voz interior me diz:

Existe apenas o momento em que você vive no presente, enquanto presente. A Vida é um fluir de infinitos presentes. Mas cada um deles é novo e deve ser criativo, se é humano, livre e consciente. Os fatos do passado, recordados no presente, não são fatos. São imagens da memória.

Se, como diz o poeta dramaturgo, "toda a vida é sonho", o passado é um sonho dentro de outro sonho.

Quando você vive o presente conscientemente, vê A Vida como O Ser Único que vai-se expressando através de diversas e infinitas formas em cada momento presente. Cada instante é único e original. A mesma água do rio nunca passa duas vezes pelo mesmo lugar, nem as ondas do mar, por mais idênticas que pareçam, são as mesmas. E as chamas do fogo são sempre infinitamente distintas.

Se você quer aprender do passado, observe-o enquanto passado. Apenas o seu olhar atual é presente. E a observação presente é criativa toda vez que for pura, inocente, desembaraçada e descondicionada do peso emotivo do passado. Você verá então que viver do passado é a mesma coisa que remendar uma roupa velha com panos novos. Viva cada instante como se fosse novo, outro, distinto e original.

111 Uma pessoa me disse: Não compreendo que Deus possa ser o que me dizem e como me dizem que é.

Mas minha voz interior me diz:

Tudo o que lhe dizem que é Deus não é Deus. Tudo o que você ouvir acerca dEle será apenas, na melhor das hipóteses, uma aproximação daquilo que Ele realmente é.

Não se pode conhecer Deus pensando, mas sentindo-O. E para senti-lO você precisa abrir-se ao desconhecido e ao infinito. E enquanto você permanecer em conflito consigo mesmo, não poderá abrir-se a níveis superiores, porque suas energias estão monopolizadas pelo seu conflito interior. Desse modo, nunca poderá entrar em contato com o Superior.

Olhe ao seu redor. Tudo o que existe é uma expressão do Ser, do Único Ser. A essas expressões ou manifestações do Ser, de Deus, chamamos de coisas ou seres. No entanto, todos somos o mesmo Ser sob diferentes formas de manifestação.

As coisas e o Universo todo são a dança de Deus, eterno dançarino que se expressa através das coisas.

De tudo quanto conhecemos, o mais real, o verdadeiro real é o "eu" que conhece a fonte de onde procede este "eu", O Ser, Deus.

Tudo é uma presença do Absoluto. Fora do Absoluto não há nada, não pode haver nada.

Tudo o que você percebe não é senão um modo de perceber O Absoluto, que é a única presença real.

Não espere que alguém lhe diga algo a respeito de Deus. Observe-O em você, observe-O em tudo o que existe. Você sentirá então uma canção vibrar no seu íntimo: essa canção é Deus.

112 Há muitas pessoas que sofrem indizivelmente quando não reconhecemos, do modo como julgam merecer, seus trabalhos, suas qualidades, suas ações...

Mas minha voz interior me diz:

Pelo fato de viverem enganados e equivocados a respeito do conhecimento de si mesmos, vocês criam constantes e permanentes sofrimentos.

Vocês se identificam de tal modo com a função ou profissão que exercem que, quando os outros não levam em consideração as qualidades dessa função ou profissão, acham que são vocês mesmos que estão sendo marginalizados. Vocês são muito mais que essa função e essas qualidades profissionais. Se não se identificassem com elas, quando não são levadas em consideração, perceberiam que a sua realidade permanece ilesa, por mais que as suas qualidades sejam desprezadas ou desconsideradas.

Aquilo que cada pessoa é não depende do reconhecimento alheio. Cada pessoa é o que é, e não o papel que representa. Sua personalidade, sua profissão, suas qualidades são, unicamente, as formas, os modos como seu verdadeiro ser central se expressa.

Você é a base, a origem de onde brota toda ação com suas qualidades. A falta de reconhecimento de seu trabalho e de suas supostas qualidades afeta a idéia que você tem de si mesmo e a idéia que você quer que os outros também tenham. Mas você está acima de todas as idéias. Se vivesse por aquilo que você É, e não pela idéia que pretende que os outros tenham de você, esses sofrimentos não existiriam...

Viver na dependência de ser reconhecido pelos outros significa estar condenado a permanentes sofrimentos e desencantos.

Se você viver a partir de si, a partir de sua autêntica realidade, nenhuma opinião, nenhuma falta de reconhecimento de modo algum o afetará.

113 Lançando-se um rápido olhar sobre os problemas que costumam atormentar a maioria das pessoas, deparamo-nos, com muita freqüência, com os amores e os desamores. Ama-se apaixonadamente, deixa-se de amar, sofre-se pelos ciúmes do amor e pelo abandono e a solidão do desamor. Parece que, se há amor, não deveria haver sofrimento...

Mas minha voz interior me diz:

Você não é senão amor, cada pessoa é amor. Mas vocês vivem tão afastados de si mesmos que não percebem aquilo que são, bem como a felicidade amorosa que vocês são. Se você não fosse amor, não amaria. Você ama porque a sua natureza é amor. Quando você odeia, odeia porque ama uma parcela exclusiva de si. E, ao excluir uma parte, essa exclusão se transforma em ódio pelo outro.

Quem odeia? Aquele que acredita que uma parte de si foi atacada, ofendida, e, levado por esse amor parcial a esse "ego" ofendido, dirige seu ressentimento e sua vingança para seu suposto ofensor e inimigo.

Tudo é movido pelo amor. O amor fecundo, positivo, criativo e verdadeiro move o ser humano na direção da harmonia, da unidade, da criatividade, da ação fecunda e útil. Quando o amor é exclusivo, pobre, ruim, reduzido a uma parte pequena e egoísta, tudo aquilo que permanece excluído cai sob a órbita do desamor, da indiferença, do desprezo e do ódio. Por conseguinte, embora possa parecer um paradoxo, o ódio é produzido pelo amor, por um amor pobre, doentio, exclusivo, parcial e egoísta.

Quanto mais exclusivo e seletivo for o amor a uma pessoa, tanto maior o perigo que ele corre de desnaturalizar-se. É por isso que desaparecem e se desvanecem tantas paixões ardentes que pareciam eternas.

No caso da paixão, não é o amor que move, atrai e une, mas, antes, certos aspectos volúveis da personalidade que nos agradam. Quando esses aspectos mudam ou desaparecem, o amor também muda ou desaparece.

114 Um amigo me disse: Por que você não faz propaganda de seus livros, de suas idéias, da sua filosofia de vida, para que muito mais pessoas possam conhecê-lo?

Mas minha voz interior me diz:

Não se preocupe em saber quem ou quantos irão compreender o que você pensa, sente ou ensina. Tenha em mente que, embora ninguém esteja excluído do processo de conhecer e aprender, aqueles que aceitam e compreendem o sentido profundo de si mesmos, da vida, de seu viver nunca serão a maioria.

Confie e tenha em mente que a Vida conduz cada pessoa segundo o nível de suas exigências e aspirações interiores, e cada uma encontrará a verdade acerca de si mesma, a sabedoria, na medida em que estiver preparada e disposta no momento oportuno.

Não tenha pressa em salvar o mundo. Os que têm pressa são, na verdade, aqueles que não salvaram a si mesmos e procuram compensar essa falta de realização e transformação próprias com o afã de salvar os outros.

Não é a quantidade de pessoas que venham a se transformar que deve ser o objeto de sua preocupação, mas, antes, que sejam transformadas aquelas pessoas que, de fato, buscaram e ansiaram por isso. Se você consegue fazer uma pessoa despertar da ignorância para a luz da verdade, isso é suficiente para que você faça, por mais árduo que seja, aquilo que deve fazer, sem se importar com quantos possam vir a conhecê-lo. Quando pretendemos ser conhecidos, caímos facilmente na autocomplacência do ego, por mais que tentemos convencer-nos de que isso não nos interessa.

Escute sempre esta voz interior, e verificará que ela jamais o conduzirá pelos caminhos da propaganda e da publicidade intencionais.

O mestre chega quando o discípulo está pronto. A Vida se encarregará daqueles que anseiam, de fato, por receber a verdade, fazendo com que ela lhes chegue no momento oportuno e pelo meio mais adequado. Nossa função consiste apenas em estar abertos e dispostos para aquilo que a Vida nos for exigindo.

115 São muitas as pessoas que compreendem que é preciso dedicar um certo tempo diário ao trabalho do desenvolvimento da consciência de si mesmas. Mas encontram inúmeras desculpas. Alegam que o trabalho as absorve, que precisam dedicar-se ao sustento da família, que a competição econômica e mercantil é feroz, que há muitos problemas na vida diária...

Mas minha voz interior me diz:

A ambição excessiva, a avareza, a preguiça, a covardia, a inércia de viver "como todo mundo", o fato de se viver sempre voltado para fora, satisfazendo unicamente os apetites dos sentidos... sempre encontram justificação ou se escondem por trás das desculpas e das aparências da "responsabilidade de cuidar dos filhos e da família", da falta de tempo e coisas semelhantes! Contudo, antes e acima de ser um pai ou uma mãe de família, um homem de negócios ou uma dona de casa, cada um de nós é um indivíduo. Cumprir o que isso significa é a primeira obrigação de qualquer pessoa.

Enquanto uma pessoa não souber claramente qual o significado da sua vida, enquanto não souber quem e o que ela própria é e não conhecer suas autênticas capacidades, o que poderá fazer pelos outros?

Qualquer serviço prestado aos outros, qualquer utilidade de você para os outros só será efetiva na medida em que nos sentirmos úteis em relação a nós mesmos.

Muito pouca harmonia e paz poderemos transmitir aos outros caso não as vivamos, nós mesmos, em nossa própria vida.

Não há obrigação mais importante na vida de uma pessoa que não seja a de realizar a si mesma, isto é, ser consciente de sua própria realidade e vivê-la plenamente, no grau mais elevado.

116 Nos dias de hoje, como provavelmente em todas as épocas da história da humanidade, existe uma obsessiva mitificação do sexo. Sendo uma tendência natural de todo ser vivo, procuram-se justificar até mesmo as mais grosseiras aberrações...

Mas minha voz interior me diz:

O sexo, enquanto ato de união, é, em si mesmo, um ato de amor. Na maioria dos casos, porém, sendo um ato voltado intencionalmente para o prazer pessoal, distancia-se da órbita do amor generoso. Enquanto o amor verdadeiro conduz ao gozo profundo da união com a pessoa amada, a sexualidade, em si mesma, mantém a pessoa na aridez da solidão.

Por mais que se chame vulgarmente a união sexual de "fazer amor", ela é, geralmente, a profanação mais grosseira do amor. Em nome do amor costuma-se utilizar a outra pessoa como objeto útil à consecução do prazer físico egoísta.

Toda tendência à unidade é, em certo grau, uma tendência amorosa. Entre as pessoas, contudo, a mediação da satisfação pessoal do sexo põe em perigo a pureza e a generosidade do amor de doação.

O ato sexual é humano, criativo e realizador quando a pessoa, aceitando conscientemente sua atração física instintiva, se entrega a seu parceiro num ato de doação prazerosa, tendo em vista sua alegria e complemento. Nesse nível de amor, vigoram muito mais a doação e a alegria do parceiro do que o "meu" bem, a "minha" satisfação, o "meu" interesse.

O que pode e deve ser uma expressão amorosa transformou-se numa vulgar degradação egoísta.

117 Todos nós falamos, às vezes, sobre o interior e o exterior, a vida interior e a vida exterior, as influências internas e as externas, etc...

Mas minha voz interior me diz:

Tudo está relacionado com tudo. Quando concentro minha consciência no que chamo de meu, chamo-o de interior. Quando a concentro em outras coisas que não são minhas, chamo a isso de exterior. Mas tudo, tanto um como o outro, existe enquanto está em minha consciência. Caso contrário, não tem existência para mim. Nesse sentido, tudo é interior. Mas nada disso sou eu. Neste outro sentido, tudo é exterior, até mesmo aquilo que mais parece ser meu. Tanto um como o outro, tanto o que chamo de interior como o que chamo de exterior se regem pela mesma lei. Porque, na verdade, tudo é um, tudo está inter-relacionado. Mesmo aquilo que, ao percebê-lo, considero mais exterior, torna-se interior quando está no âmbito de minha consciência, porque existe para mim enquanto está em minha consciência.

O modo como observo e julgo a mim mesmo é diferente do modo como vejo e julgo os outros. Começa aí o meu modo de ser injusto para com a Vida. Porque, na realidade, tudo aquilo que vejo nos outros está em mim. É por isso que é errôneo e injusto distinguir e querer afirmar algo de negativo nos outros excluindo-o de mim. Somente o homem realizado vê e julga com justiça, porque sabe que tudo o que há de positivo, belo e elevado, que ele sente em seu interior, existe, de igual modo, nos outros. Por isso, toda comparação e todo juízo depreciativos não têm razão de ser. Quando sente a amabilidade, também a vê nos outros, ainda que sob formas e aparências que não sejam amáveis. E sua amabilidade contagia os demais.

Quando somos amáveis, de modo verdadeiro e profundo, cedo ou tarde somos correspondidos com a mesma amabilidade. Aquele que se queixa de não ser correspondido deve isso ao fato de não ter sido verdadeiramente amável.

118 Alguém disse: Sempre nos ensinaram a ser bons e perfeitos sendo devotos e piedosos, praticando certos rituais de devoção. Isso não é suficiente?

Mas minha voz interior me diz:

Se a atitude devocional ou amorosa é autêntica, esse é o caminho correto, como também é correto o caminho do conhecimento de si mesmo. Ambos os caminhos confluem para o mesmo ponto quando são corretos e verdadeiros. Um deve transcender o obstáculo do sentimentalismo da personalidade, e o outro, o do conhecimento superficial da mente.

Quando Paulo de Tarso disse: "Não sou eu quem vive em mim, mas, sim, Cristo", estava expressando o ponto derradeiro a que havia chegado, tanto pelo conhecimento como pelo amor.

Quer dizer: Não é o meu "eu" pessoal que está vivendo, mas o "eu" superior, interior, ou seja, a consciência crística, como dizem os cristãos, ou a consciência búdica, como dizem os budistas, ou ainda, o que é a mesma coisa, a consciência de unidade com o Ser, com Deus. Compreender que se é UNO com Deus, com o Ser significa viver a consciência cósmica, crística ou búdica. E sentir que se é ISSO constitui o grau mais elevado do amor. Tratase do amor que não precisa pedir nada, pois se é Tudo.

Se você tem um verdadeiro amor de devoção, e não meramente de palavras ou egoisticamente centrado nos seus interesses pessoais, ele o conduzirá a adorar e sentir o Absoluto dentro de si mesmo em qualquer tempo e lugar, cumprindo-se assim o que disse o Mestre: Chegará um dia em que nem no templo de Samaria nem no de Jerusalém prestareis culto a Deus, mas o adorareis em espírito e verdade. Essa é a sua verdade.

119 Assim como há muitas pessoas que vivem do passado, há também outras que vivem do futuro. Ficam sentadas à porta da Vida, observando a passagem do tempo e dos acontecimentos, à espera de que o relógio corra rápido, para que chegue a "sua hora". Passam a vida do mesmo modo que aqueles personagens do célebre e conhecido drama *Esperando Godot*. Um Godot que não sabem quem é e nem mesmo se existe.

Mas minha voz interior me diz:

O futuro é agora. O futuro do "depois" só existe na sua imaginação do agora. E o que pertence à imaginação não possui nenhuma realidade. Você pode passar a vida inteira imaginando um futuro, sem viver um instante real de sua vida.

O presente é "quase um passado" e "quase um futuro". Mas esses infinitos e quase imperceptíveis instantes presentes constituem a sua vida. A Vida é um eterno "Agora". Você está obstinado a fazer com que a sua vida se identifique com A VIDA. Então a sua vida também será um eterno "agora", sem passado nem futuro.

Enquanto você projeta sua imaginação na direção do incerto futuro do amanhã, deixa de viver o único presente real de agora.

Pode ser que esse futuro que você está imaginando chegue um dia, mas então já não será o que você imagina agora. Será o daquela ocasião.

Viva Agora. O que você é, o que você tem, onde você está. Viva o que você está fazendo neste momento. Quando você estiver lendo estas linhas, perceba que o seu viver agora consiste em ler e ser consciente do que você está lendo, pensando, analisando, observando. Quando estiver comendo, viva o momento de comer.

O futuro será o que for agora o seu presente. Se o seu presente for consciente, o seu futuro também o será. Estar presente ao presente é a melhor ação. Cada ação, então, torna-se adequada ao seu momento.

120 Certa ocasião, perguntaram-me: Para que serve esforçar-se tanto no trabalho de realização pessoal? O que eu ganho com isso? Vale a pena deixar de "viver bem" e renunciar aos nossos gostos atuais?

Mas minha voz interior me diz:

Se você sente isso, se pensa realmente desse modo, isso quer dizer que você não tem "ainda" a exigência interior desse "algo mais", dessa plenitude a que estamos destinados.

Você deve saber, porém, que, quando você se decide a percorrer o caminho da realização, sua vida nada perde no que se refere a satisfações e felicidade — aliás, acontece exatamente o contrário. Se você deseja o poder, o conhecimento, a vida, a felicidade, o amor, tome a decisão de tê-los plenamente, e não se contente com migalhas.

Se você percebe que os atuais prazeres e passatempos de que você desfruta lhe deixam amiúde um certo sabor amargo ou agridoce, não o satisfazem, esse é um bom sinal de que a aspiração a algo superior está começando a se manifestar em você. Não deixe o tempo passar e decida-se a partir com alegria e prontidão, em busca do que você necessita.

Neste caminho você não está só. Há muitos companheiros de viagem ao seu lado. Você poderá encontrá-los em qualquer lugar e ocasião. Eles também almejam algo mais pleno do que aquilo que as coisas exteriores lhes podem proporcionar. Mas, sobretudo, você não está só porque Aquele que É A Plenitude, o Absoluto, Deus, está com você. Você pode ter a certeza de que Ele está com você até mesmo quando você está distante do caminho. Mas você sentirá a sua presença muito mais viva quando Ele se tornar, para você, o seu princípio, a sua meta.

121 Ao conversar com uma pessoa que entendia e aceitava que tudo é uma manifestação do Ser, de Deus, ela me disse: Se Deus é bom e sempre age de modo correto, por que não fez com que os seres vivos, e principalmente os seres humanos, que são a sua imagem, se desenvolvessem de um modo mais natural, ou seja, nascessem, crescessem, ficassem adultos, envelhecessem e morressem sem precisar passar por tantas enfermidades?

Mas minha voz interior me diz:

A morte é um fato natural, mas a enfermidade é uma anormalidade produzida por uma enfermidade da consciência da Humanidade. Em virtude de a pessoa estar mergulhada e absorta nessa consciência da Humanidade enferma, ela também fica enferma. À medida que a consciência enferma da Humanidade atua em nós, manifesta-se, na mesma proporção, a enfermidade. Quando uma pessoa consegue viver num nível superior, e vive instalada nesse nível superior, ela se livra dos efeitos da enfermidade. Ocorre que, em um ou outro momento, todos nós vivemos ou estivemos vivendo mergulhados nessa consciência enferma da Humanidade. E, cedo ou tarde, isso se manifesta em algum tipo de doença ou enfermidade.

As poucas pessoas que, na história da Humanidade, surgiram na terra já libertas, desde o nascimento, da enfermidade de consciência da Humanidade passaram pela terra isentas de toda enfermidade. Nós, ocidentais, temos o exemplo do Cristo.

Portanto, a anormalidade que são as enfermidades precisa ser aceita como o efeito lógico da nossa condição de humanos, fruto do baixo nível da consciência da Humanidade em que estamos imersos. No entanto, mesmo na nossa condição atual, é evidente que, à medida que desenvolvemos nossa consciência individual, mais facilmente eliminamos as anormalidades da enfermidade.

122 Costuma-se qualificar o grau ou magnitude do amor pela maior ou menor emoção que sentimos. Quando se observam as lágrimas ou os desmaios de algumas pessoas diante da perda de um ente querido, costuma-se dizer: como era profundo o seu amor!

Mas minha voz interior me diz:

O amor não é emoção, e tampouco a emoção é amor.

A emoção é uma manifestação da personalidade, ao passo que o amor é a consciência de identidade do Ser.

Vocês estão acostumados a viver identificados com sua personalidade, e tudo é relacionado com ela. Mas o "eu" da personalidade é individualista, egoísta e tende à separatividade. O "eu" verdadeiro de nosso ser profundo, por outro lado, sente-se em harmonia com Tudo porque sente que é UNO em Tudo. Não há separação real. Há somente separatividade individual nas formas aparentes através das quais o Ser, infinitamente, se expressa.

O Amor verdadeiro sempre unifica, pacifica, harmoniza, solidariza, uniformiza, une, vivifica.

O amor da personalidade busca o seu próprio interesse dividindo, desarmonizando e até destruindo.

O "eu" pessoal ama apenas a si mesmo e aos outros em função de si mesmo. Ele é sempre o destinatário último de seu amor. Sente a ausência do ente querido porque já não tem a satisfação de desfrutar de sua presença. Sua dor não se deve tanto à morte do ente querido, mas, antes, à solidão em que se vê mergulhado.

O "eu" interior, verdadeiro, mantém seu amor sereno e constante, tanto na presença quanto na ausência do ser amado. Porque o sentimento de unidade está acima dos sentidos e de tudo o que representa a personalidade.

123 Não é raro algumas pessoas dizerem: Sou um homem de uma só visão, de um único pensamento. Ou também: Penso e sempre pensei a mesma coisa... Ou ainda: Sempre mantive os mesmos princípios e pensamentos.

Mas minha voz interior me diz:

São muitas as pessoas que se vangloriam de permanecer sempre com os mesmos princípios e critérios. Não percebem, porém, que, como disse alguém, "os que têm sempre o mesmo ponto de vista possuem um círculo visual de raio zero".

Não constitui mérito ou uma grande qualidade manter-se sempre com os mesmos pensamentos. A vida é evolução. E não só das células orgânicas do corpo, mas também de tudo aquilo que é expressão de vida, como o são as idéias da mente. Uma mente fixada em algumas idéias determinadas é uma mente, se não morta, pelo menos paralítica e imobilizada.

Os antigos já diziam que é próprio do sábio mudar de parecer, ao passo que é próprio do néscio a permanência no erro.

É evidente que os que se vangloriam de se manter fixos nas mesmas idéias acreditam que estão com a verdade, razão pela qual não necessitam alterar suas idéias e seu modo de pensar. Mas ninguém possui toda a verdade, exceto Aquele Que É A Verdade.

A conquista da verdade nunca tem fim porque a Verdade em si mesma é infinita e eterna. Sempre há mais uma montanha a ser conquistada. E a Verdade está além das montanhas. Toda a existência humana deve ser um desafio constante de ver e desfrutar a Verdade. O céu consiste em ver e desfrutar a Verdade Absoluta, sem o mínimo engano.

124 É muito freqüente ouvirem-se queixas sobre a ingratidão das pessoas. Por isso se diz: "Crie corvos e lhe arrancarão os olhos ..." Ou também: "O que se há de fazer? As pessoas são muito ingratas. Não se pode ser bom. Olhe como lhe pagam..." E outras coisas semelhantes.

As frustrações e desilusões com o comportamento das pessoas são o pão de cada dia.

Mas minha voz interior me diz:

Se, quando você faz algum bem, deixasse de depositar sua ilusão e esperança na gratidão e correspondência dos outros, não ficaria desiludido.

Se quando você age pensando na recompensa e no agradecimento sua ação já é interesseira e egoísta, por que você exige que os outros se comportem de um modo melhor que o seu? Você não tem o direito de se queixar.

Se você vivesse a positividade que A VIDA é em si mesma, faria o bem sem se preocupar em receber ou não algum agradecimento. Nesse caso, você jamais se sentiria frustrado, porque a satisfação de agir desse modo não reside no reconhecimento dos outros, mas na própria ação que flui do seu ser profundo. Para que você quer mais prêmios por suas ações? Porventura a flor revela seu colorido e perfume na condição de que lhe agradeçamos por isso? Por que você se esforça em ser inferior a uma simples flor?

Você vive permanentemente com um espírito mercantilista. A Vida dá tudo de graça. Mas você não aprende a lição. Você só dá alguma coisa sob certas condições. Sempre está à espera de uma recompensa. Até mesmo os que parecem melhores fazem o bem "para ir para o céu".

125 A solidão, a sensação de se sentir só e abandonado costuma ser freqüente em muitas pessoas e, às vezes, torna-se um estado habitual. Elas sofrem porque pensam que ninguém se preocupa com elas, ninguém as compreende, ninguém as ama.

Mas minha voz interior me diz:

Assim como o ar que está ao seu redor e que você respira, como o espaço em que você se encontra, como a luz que o inunda, como o calor ou o frio que afeta cada célula de sua pele, também o Único que Existe de verdade, O Único que vive e ama de verdade está sempre ao seu lado.

Os psicólogos, conselheiros e analistas dão-lhe conselhos para a sua solidão. Incentivam-no a formar grupos de amigos, a passear, a divertir-se, a buscar a companhia de pessoas afins com quem você possa conversar... E todos esses conselhos podem ser úteis em parte. Não conseguem, porém, solucionar a essência do problema.

Minha voz interior lhe diz para perceber que, onde quer que você esteja e aonde quer que você vá, junto a você e ao seu lado está Quem o conhece, Quem o ama, sem condições e sem limites, Quem o acompanha e o compreende.

Você não está só. Não sei se você tem uma fé religiosa ou não. Não importa. Quem está com você não faz nenhuma exigência, não exige nenhuma condição no sentido de pertencer a uma ou outra seita, igreja ou religião. Ele não está apenas ao lado dos "bons", como às vezes você terá ouvido dizer. Quem são os bons?

Ele está com você agora. Observe-O em você. Dentro e fora de você. Ele está em tudo, em todos e sempre. Ele nunca falha nem frustra ninguém. Nós, que Dele falamos, talvez O frustremos. Mas Ele, nunca.

Você não está só. Está muito bem-acompanhado.

A ALEGRIA DE SER VOCÊ MESMO

Darío Lostado

A Alegria de Ser Você Mesmo é um livro inspirador que, no seu estilo despretensioso e ao mesmo tempo direto, ensina estratégias simples e eficazes de entrar em contato com a alegria interior que transforma e cura as nossas vidas.

Em seus livros, que vêm conquistando um número cada vez maior de leitores onde quer que sejam publicados, Darío Lostado não se prende a um único tema. Sob um título geral, que dá o tom do volume, são focalizados os mais diversos assuntos sempre do interesse do leitor às voltas com os problemas que a vida moderna criou paralelamente a um avanço tecnológico cada vez mais impressionante.

Teoricamente, esse avanço deveria libertar o homem de tarefas corriqueiras que a máquina realiza mais depressa e melhor, proporcionando-lhe mais tempo para o seu aperfeiçoamento interior, assim como para o estreitamento das relações das pessoas entre si. Mas não é isso o que acontece; quanto mais o homem progride em termos materiais, mais longe ele vai ficando das pessoas, mesmo das que lhe estão mais próximas.

Daí a necessidade de abordar temas como os seguintes: amor próprio *versus* egoísmo; a pior ignorância; somos livres?; nível de felicidade *per capita*; viver a realidade; é preciso uma ideologia?; educar educando-se; o urgente e o importante; as modernas escravidões — e muitos outros cuja leitura são verdadeiras lições da arte de bem viver.

* * *

Livros de Darío Lostado publicados pela Editora Pensamento:
Viver Como Pessoa
Somos Amor
Antes de Tudo Amar
Rumo à Verdade de Você Mesmo
Mas a Minha Voz me Diz...

EDITORA PENSAMENTO

VIVER COMO PESSOA
O verdadeiro sentido da vida

Darío Lostado

Darío Lostado é um dos grandes fenômenos atuais na arte da comunicação. Suas mensagens, quer nas palestras que faz por toda a parte, quer na série de livros que vem escrevendo e que estão sendo traduzidos em várias línguas, encontram eco em todos os que, numa atitude receptiva, se identificam com o modo como o autor desenvolve temas de grande profundidade num estilo caracterizado, ao mesmo tempo, por sua clareza e simplicidade. *Viver Como Pessoa* é o primeiro da série de seus livros que a Editora Pensamento começa a divulgar no Brasil.

Segundo o autor, na escola da vida, uma das disciplinas mais importantes é a de aprender a ser pessoa em todos os momentos e em todas as circunstâncias. A vida prática de cada dia se encarrega de nos submeter a um exame diário nessa matéria, aparentemente fácil, mas que exige todo o empenho de quantos realmente pretendem ser alguém. É dessa "aprovação" que depende o bom andamento de nossas vidas e, conseqüentemente, do mundo em que vivemos.

Abordando esses temas, Darío Lostado discorre sobre o sentido da vida propondo pontos de reflexão para que o leitor tire suas próprias conclusões e descubra na prática o que significa *viver como pessoa*.

* * *

Livros de Darío Lostado publicados pela Editora Pensamento:
A Alegria de Ser Você Mesmo
Somos Amor
Antes de Tudo Amar
Rumo à Verdade de Você Mesmo
Mas a Minha Voz me Diz...

EDITORA PENSAMENTO